# 신앙
# Build up

인격과 삶이
변화되는 과정

| 이선우 지음 |

신앙
Build up

## 머리말

목회를 시작하면서 먼저 사역의 방향과 목표를 정하고, 이것을 교회의 사명선언문에 담았다.

"우리 교회는 구원받은 은혜로 불신자를 전도하여 제자 삼고, 성령이 주시는 은사로 비전을 이루는 행복한 공동체입니다."

이 사명을 위해 시무장로로부터 모든 성도에 이르기까지 제자훈련을 하였고, 지금도 계속하고 있다. 이것이 신앙 훈련(build up)을 위한 과정이기 때문이다.

그러나 훈련하기란 절대 쉽지 않았다. 우선은 자원하는 분들이 많지 않았고, 진행하는 가운데도 많은 분이 힘들어했기 때문이다. 그때마다 어김없이 듣는 말이 있었다.

"목사님! 숙제가 많아요, 잘 이해가 되지 않아요, 배운 대로 실천하기가 힘들어요."

그러나 다행히 이런 불평만 있었던 것은 아니다. 적지 않은 성도들이 지지와 큰 힘을 실어 주었다.

"목사님! 제자훈련하기를 참 잘했어요, 이젠 달라졌어요,

신앙
Build up

목사님! 감사합니다."

이 말을 들었을 때, 마음속에는 작은 감동이 일어났다. '만약 내가 제자훈련을 하지 않았다면 이만큼 목회를 할 수 있었을까?'라는 생각으로 하나님께 감사했다.

그러면서 이렇게 다짐도 했다.

"내가 천국 가서 하나님 앞에 섰을 때, 하나님이 '너 목회를 어떻게 했느냐?'라고 물으시면, '저는 이렇게 제자훈련을 했습니다'라고 대답할 것이다. 그러면 하나님은 분명 '너 참 잘했구나, 수고했다'라고 칭찬해 주시지 않겠는가!"

지금도 제자훈련을 시작한 것을 생각해 보면 참 감사하다. 비록 열정과 많은 시간을 투자해야 했고 때로는 육체의 한계를 느낄 때도 있었지만, 모든 성도가 제자훈련을 하는 그날까지 이 일에 매진할 것이라고 다짐해 본다.

그런데 이러한 제자훈련을 아직도 받지 못한 성도가 있고, 훈련의 내용을 모르고 있다고 생각하니 안타까움과 함께 무거운 책임감을 느꼈다. 그래서 기도하던 중에 제자훈련 교재의 내용으로 주일설교를 하게 되었고, 그것을 교육적인 차원에서 자세히 풀어 정리하여 책으로 만들었다.

　이 책을 쓴 목적은 신앙생활의 기초를 다지고, 신앙의 핵심적인 교리를 통하여 신앙생활의 뼈대를 굳게 세워 어떤 고난과 유혹에도 흔들리지 않는 신앙인이 되게 하는 것이다. 또한 매일 신앙생활의 발걸음이 예수님의 모습을 본받고, 예수님이 가르쳐 주신 말씀에 따라 살아가는 예수님의 신실한 제자가 되게 하는 것이다. 무엇보다 이 책을 통하여 독자들의 삶이 "이젠, 달라졌어요?"라는 물음표에서 "이젠, 달라졌어요!"라는 느낌표로 바뀌기를 소망한다.

　이 책의 내용은 제자훈련교재 Ⅰ, Ⅱ, Ⅲ권(옥한흠, 국제제자훈련원)을 바탕으로 했음을 분명히 밝힌다. 순서와 내용도 교재를 상당수 인용하였고, 모든 문장에 인용 표시를 기재해야 하나 책의 기능을 유지하기 위해 일일이 표기하지 않았다.

　마지막으로 서현교회 창립 60주년을 맞이하여 그동안 아낌없는 마음과 헌신으로 섬겨 주신 성도들께 진심으로 감사한

신앙
Build up
:

다. "한 사람이면 패하겠지만 두 사람이면 맞설 수 있나니 세 겹줄은 쉽게 끊어지지 않는다"(전 4:12)라는 말씀처럼 모든 성도가 합력하여 60년의 역사를 이루어 온 것에 대해 하나님께 영광을 돌린다. 앞으로 우리 교회는 70주년을 향해 더욱 건강한 교회와 비전을 이루는 행복한 교회로 나아가게 될 것이다.

  이 책이 나오기까지 수고하신 분들에게 감사의 마음을 전한다. 무엇보다 목양사역으로 동역해 주신 당회원들과 교역자들에게 진심으로 감사를 드린다. 그리고 늘 곁에서 목회의 힘이 되어 준 사랑하는 아내 박정희와 두 자녀 상형, 예지에게도 고마움을 전한다.

2021년 3월
서현교회 목양실에서 이 선 우

# 차례 Contents

**머리말_** 4

## 빌드 업의 기초(Basic)

기초1 참된 예배_ 13
기초2 생명의 말씀_ 21
기초3 기도의 특권(特權)_ 30
기초4 응답의 비결(祕訣)_ 39
기초5 하나님의 큐(Cue) 사인_ 48

## 빌드 업의 핵심(Core)

핵심1 성경, 하나님의 말씀_ 58
핵심2 하나님, 예배의 대상_ 67
핵심3 예수님, 유일한 구원자_ 76
핵심4 삼위일체 하나님, 동일한 구원자_ 87
핵심5 인간, 타락한 존재_ 95
핵심6 복음, 예수님의 죽음_ 104
핵심7 복음, 예수님의 부활_ 112
핵심8 성령, 약속대로 오신 분_ 120

핵심 9   거듭남(重生)_ 127
핵심 10   믿음(信仰)_ 138
핵심 11   의롭다 하심(稱義)_ 146
핵심 12   내주하심(內住)_ 154
핵심 13   거룩한 삶(聖化)_ 163
핵심 14   예수님의 재림(再臨)_ 171

# 빌드 업의 삶(Live)

삶 1   순종_ 180
삶 2   섬김_ 191
삶 3   복음 증거_ 202
삶 4   살리는 말(言)_ 213
삶 5   영적 성숙_ 223
삶 6   순결_ 235
삶 7   가정_ 244
삶 8   고난 극복_ 252
삶 9   예수님의 주재권(主宰權)_ 262
삶 10   지혜로운 청지기_ 271
삶 11   세상과의 영적 전투_ 282
삶 12   사랑하라_ 292

신앙
Build up

# 빌드 업의 기초
## (Basic)

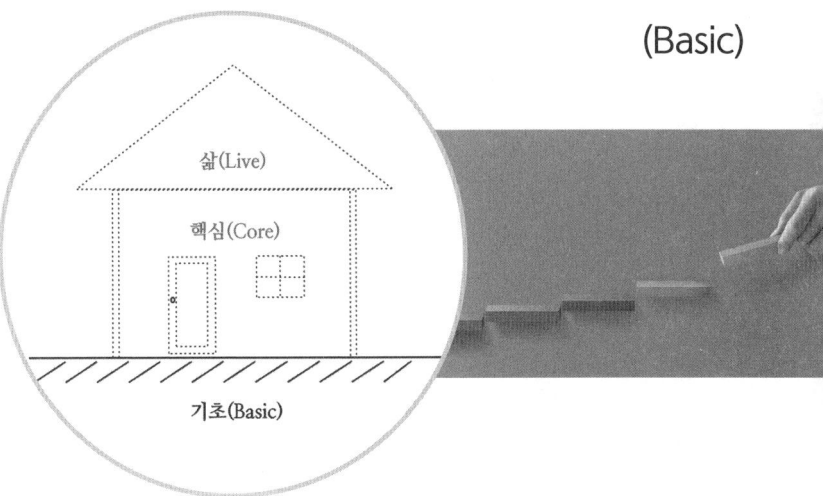

신앙
Build up

기초1

# 참된 예배

　　　　　　우리의 삶은 손바닥 안에 있는 스마트폰에 의해 점령당하고 있다. 이것은 빠른 통신과 유익한 정보를 쉽게 얻을 수 있는 장점도 있지만 반대로 하나님께 영광 돌려야 할 헌신을 가로막는 단점도 있다. 마음만 먹으면 교회에 나오지 않을 수도 있다. 성도와의 교제도, 선포되는 말씀을 현장에서 듣는 것도 불필요하게 생각될 수도 있다. 손가락으로 터치만 하면 아무 때나 아무 장소에서나 원하는 설교를 듣고 볼 수 있기 때문이다.

　물론 뉴노멀New Normal 시대를 맞아 COVID-19 상황에서 변화에 따른 새로운 진단과 대응도 필요하지만, 여기에서는 하나님께 온 마음을 다하여 영광을 돌리는 참된 예배자의 모습을 찾아보기가 쉽지 않다.

　성도는 온 마음을 다하여 예배를 드려야 한다. 하나님은 참된 예배를 통해서만 영광을 받으신다.

　요한복음 4장 15-26절은 '예배'에 대한 말씀이다.

　예수님이 '수가'라 하는 동네의 우물 곁에서 한 사마리아 여인과 만나셨다. 그 여인은 많은 상처로 치유가 필요한 사람이었다. 그는 고독과 가난이라는 질병에 멍이 들어 있었고, 시기와 질투, 그리고 미움으로 마음에 멍이 들어 있었다. 또한 그는 영적 목마름이 심한 사람이었다. 영적 목마름은 세상 무엇으로도 채울 수 없다. 재물로도, 세상의 명예와 권력으로도 채울 수 없다.

예수님은 이러한 여인을 만나셨다. 이것은 우연한 만남이 아니라 예수님의 계획이었다.

우리가 성전에 나가는 것도 마찬가지이다. 이것은 '우연'이 아니라 '하나님의 계획'이다.

하나님의 계획하심에 따라 예수님이 사람의 몸을 입고 이 세상에 오셨다. 그리고 죄인의 자리에까지 이르러 우리를 구원하기 위해 찾아오셨다. 그래서 우리가 예수님을 만난 것이다.

예수님이 사마리아 여인을 만나신 때는 여섯 시쯤이었다. 우리 시간으로는 낮 열두 시쯤이다. 그때에 예수님은 물을 길으러 우물로 나아온 사마리아 여인에게 "물을 좀 달라"고 말씀하셨다. 이것은 그의 마음의 문을 열기 위한 시도였다. 그러자 사마리아 여인은 "당신은 유대인으로서 어찌하여 이방인인 나에게 물을 달라고 하느냐?"라고 대답했다. 이것은 당시에 유대인들이 이방인과는 상종하지 않았기 때문이다.

그래서 예수님은 자신이 누구신지에 대해서 말씀하셨고, "이 물을 마시는 자는 다시 목마르지만 내가 주는 물을 마시는 자는 영원히 목마르지 아니할 것이라"고 말씀하셨다. 그러자 많은 상처로 매일 물 길으러 오는 것조차도 힘들었던 사마리아 여인이 말했다. "주여, 그런 물을 내게 주사 목마르지도 않고 또 여기에 물 길으러 오지도 않게 하옵소서"(15절).

그때에 예수님이 무엇을 말씀하셨는가? 느닷없이 "가서 네 남편을 불러오라"고 하셨다.

아니, 물 이야기를 하다가 왜 갑자기 남편을 불러오라고 하신 것인가? 이것은 예수님이 그 여인을 다 알고 계셨기 때문이다. 예수님은 그의 마음의 상처를 치유하고, 영적 목마름을 해결해 주기를 원하셨다. 그래서 "네 남편을 불러오라"고 말씀하셨던 것이다.

그러자 여인은 "나는 남편이 없다"라고 말했다. 그때에 예수님께서 무엇이라 말씀하셨는가? "네가 남편이 없다 하는 말이 옳도다. 전에는 남편 다섯이 있었고, 지금 있는 자도 네 남편이 아니다." 이 말을 들은 여인이 깜짝 놀랐다. 예수님의 신적 능력을 확인했기 때문이다. 그래서 그가 말했다. "주여, 내가 보니 당신은 선지자이십니다"(19절).

이처럼 예수님은 대화를 통해 자신을 나타내 보여주셨다. 또한 그를 잘 알고 있음도 알게 해주셨다.

유대인들은 두 번 이상 결혼할 수 없고, 세 번 결혼하면 부정한 여인이 된다. 그런데 이 여인은 다섯 번이나 결혼했고, 지금 동거하고 있는 자도 남편이 아니었다. 때문에 사람들로부터 비난의 대상이 되었고, 이로 인해 많은 상처를 입었을 것이다. 그래서 예수님이 그를 만나셨던 것이다.

그 여인은 지금까지 영원한 생수가 아닌 것으로 갈증을 해결하려고 했다. 세상 사람들에게서 영원한 생수를 찾으려고 했다. 그러나 세상의 그 어떤 것에서도 영원한 생수를 찾을 수는 없다. 영원한 생수, 한 번 마시면 영원히 목마르지 않는 생수는 어떻게 찾을 수 있는가? 예수님을 만나면 된다. 예수님이 주시는 물은 곧 성령의 생수다. 이 물을 마시는 자는 영원히 목마르지 않는다.

이 물은 어떻게 얻을 수 있는가? 예수님 앞에 나와서 참된 예배를 드릴 때 얻을 수 있다.

우리는 참된 예배를 통해 치유를 받고, 영적 목마름을 해결하기 원한다. 참된 예배란 무엇인가?

## 하나님을 알고 예배하는 것이다

"우리 조상들은 이 산에서 예배하였는데 당신들의 말은 예배할 곳이 예루살렘에 있다 하더이다"(요 4:20).

사마리아 여인은 예수님께 물었다.

"우리 조상들은 이 산에서 예배하였고, 당신들의 말은 예배할 곳이 예루살렘에 있다 하는데, 어느 것이 맞습니까?"

그동안 사마리아인들은 그리심 산에서 예배를 드렸다. 그것은 유대인들이 예루살렘 성전으로 오는 것을 받아주지 않았기 때문이다. 그래서 그리심 산에서 자기들의 성전을 세우고 예배했던 것이다.

그러나 유대인들은 예배할 곳이 그리심 산이 아니라 예루살렘에 있다고 말했다. 그 이유는 이방의 우상숭배로부터 신앙을 보존하기 위한 것과 열두 지파로 분할된 이스라엘 백성을 하나로 결속하기 위함이었다. 또한 예루살렘은 다윗 왕통의 중심지였기 때문이었다. 사마리아 여인은 이러한 예루살렘 성전을 그리워했다.

우리도 가끔 그럴 때가 있다. 문제가 풀리지 않으면 괴로워하며 열심히 성경을 읽어 보고, 작정 기도도 하며, 기도원을 찾아다녀 보기도 한다. 그래도 안 되면 좌절한다. 사마리아 여인은 이런 상태였다. 그래서 어디서 예배하는 것이 맞느냐고 물었던 것이다.

예수님은 무엇이라고 대답하셨는가?
"이 산에서도 말고 예루살렘에서도 말고"(요 4:21)라고 말씀하셨다. 이것은 장소가 중요하지 않다는 말이다.

이 말씀은 유대인뿐만 아니라 사마리아인에게도 굉장히 도전적인 내용이다. 그런데 실상 이 말씀은 구약성경에 근거한 것이다. 스바냐 2장 11절을 보면 "각각 자기 처소에서 여호와께 경배하리라"고 기록되었고, 말라기 1장 11절에는 "각 처에서 내 이름을 위하여 분향하며 깨끗한 제물을 드리니"라고 기록되어 있다.

그러면 어떻게 예배해야 하는가?

"너희는 알지 못하는 것을 예배하고 우리는 아는 것을 예배하노니 이는 구원이 유대인에게서 남이라"(요 4:22).

이 말씀에서 "너희"는 이방인들을 말하고, "우리"는 유대인들을 말한다. 예수님은 사마리아 여인에게 "너희는 그리심산이라는 장소에서 예배하는 것이 문제가 아니라 알지 못하는 것에 대해 예배하는 것이 문제"라고 말씀하셨다.

그들의 예배는 하나님과 우상이 혼합된 것이었다. 반면에 유대인들의 예배는 달랐다. 그들은 예루살렘이라는 장소에서 예배하는 것보다도 아는 것에 대해 예배했다. 그것은 바로 하나님이었다. 유대인들은 하나님을 알고 예배했지만 이방인들은 그렇지 못했다. 그렇다고 유대인들의 예배가 온전한 것은 아니었지만 이방인보다는 참된 예배를 드렸다. 그래서 이 말씀을 보면, 구원이 유대인에게서 난다고 말씀하셨던 것이다.

그러므로 우리는 하나님을 알고 예배해야 한다.

하나님은 어떤 분이신가? 우리 마음의 상처를 치유해 주는 분이시고, 고통과 외로움의 삶을 회복시켜 주는 분이시다. 또한 우리의 영적 목마름을 해결해 주는 분이시다. 이러한 하나님을 알고 예배해야 한다. 이것이 참된 예배이다.

## 영과 진리로 예배하는 것이다

"아버지께 참되게 예배하는 자들은 영과 진리로 예배할 때가 오나니 곧 이때라 아버지께서는 자기에게 이렇게 예배하는 자들을 찾으시느니라"(요 4:23).

예수님은 "참되게 예배하는 자들은 영과 진리로 예배할 때가 온다"고 말씀하셨다.

참된 예배는 영과 진리로 예배하는 것이다.

첫째는 영으로 예배하는 것이다.

여기에 "영"은 곧 성령을 말한다. 성령으로 충만하여 예배하는 것이다. 왜냐하면 하나님이 영이시기 때문이다.

요한복음 4장 24절에서 "하나님은 영이시니 예배하는 자가 영과 진리로 예배할지니라"고 말씀하고 있다. 하나님은 영이시기 때문에 영으로 예배하는 것을 받으신다. 여기에는 어떤 형식이 없다. 예배의 장소나 시간에도 구애받지 않는다. 전통에도 집착하지 않는다. 이처럼 참된 예배는 영으로 예배하는 것이다.

둘째는 진리로 예배하는 것이다.

여기에 "진리"는 곧 예수님 안에 계시된 진리를 말한다. 이것은 거짓 없는 진실을 뜻한다. 또한 예수님 자신을 가리킨다. 진리는 로고스(λόγος), 곧 말씀이신 예수님이기 때문이다.

그래서 진리로 예배하는 것은 거짓 없는 진실과 말씀이신 예수님을 통하여 예배하는 것이다. 그런데 여기에도 성령의 충만함이 있어야 한다. 왜냐하면 영과 진리는 결코 분리될 수 없기 때문이다.

이처럼 참된 예배는 영과 진리로 예배하는 것이다.
이러한 예배를 드리면, 마음의 상처가 치유되고, 고통과 외로움의 삶이 회복된다. 영적 목마름이 해결된다.

기초 2

# 생명의 말씀

세상에는 수많은 책들이 있다. 그것은 다양한 저자들의 생각과 경험에 의해 쓰여진 다양한 종류의 책들이다. 그러나 성경은 그러한 책들과는 다르다. 일반 책들은 시간이 지나면 죽은 글이 되어 버리지만, 성경은 시간이 지나도 여전히 살아 있는 말씀이다. 이것은 성경 자체가 증명하고 있다. 일반 책들은 거의 대부분 한 번 정도 읽으면 끝나지만 성경은 읽을수록 새롭고, 깊은 진리에 빠져들게 된다. 왜냐하면 말씀에 생명력이 있기 때문이다.

미국인들의 농담에 'Turtle Christian'(거북이 교인)이라는 말이 있다. 새는 9일간 먹지 않고 견딜 수 있고, 개는 20일간 먹지 않아도 견딜 수 있다고 한다. 그런데 거북이는 500일을 먹지 않아도 견딘다고 한다. 그래서 하나님의 말씀을 먹지 않고 사는 교인을 'Turtle Christian'이라고 부른다.

성도는 매일 말씀을 먹어야 한다. 매일 밥을 먹듯이 생명력 있는 말씀을 먹어야 살아 있는 성도가 된다.

## 말씀에 생명력이 있는 증거가 무엇인가?

"하나님의 말씀은 살아 있고 활력이 있어 좌우에 날선 어떤 검보다도 예리하여 혼과 영과 및 관절과 골수를 찔러 쪼개기까지 하며 또 마음의 생각과 뜻을 판단하나니"(히 4:12).

"살아 있고 활력이 있다"는 말은 '사람을 변화시키고 살리는 생명력 있는 말씀'이라는 뜻이다. 그 증거가 설교이다. 설교는 어떤 지식을 전달하거나 삶의 경험을 말하는 것이 아니다. 지식을 전달하는 것은 강의이고, 경험을 말하는 것은 간증이다. 그러나 설교는 하나님의 말씀을 전하는 것이기 때문에 여기에는 치유와 회복과 구원의 역사가 나타난다. 이것은 말씀에 생명력이 있다는 증거이다.

또한 "혼과 영과 및 관절과 골수"는 우리의 육안으로 볼 수 없는 깊고 은밀한 부분을 말하는데, 이것을 "찔러 쪼개기까지 한다"는 말은 변화시킨다는 것을 의미한다. 그래서 말씀을 들으면 사람의 깊고 은밀한 부분까지 다 변화된다. 이것은 말씀에 생명력이 있기 때문이다.

사도행전 5장을 보면, 아나니아와 삽비라 부부 이야기가 나온다.

초대교회 당시에 성도들은 한마음과 한뜻이 되어 모든 물건을 서로 통용하고, 자기의 재산을 팔아 조금이라도 자기의 것이라고 하는 이가 없었다"(행 4:32). 놀라운 광경이지 않은가! 이러한 일이 일어나게 된 것은 성령이 그들에게 임하셨기 때문이다. 그런데 그들 가운데 아나니아와 삽비라 부부도 자기들의 땅을 팔아서 판 값의 얼마를 몰래 감추고, 나머지를 가져다가 사도들의 발 앞에 두었다. 이로 인해 그들은 그 자리에서 죽고 말았다. 성령을 속이고, 거짓말을 했기 때문이다.

이런 말씀을 들으면서 우리는 깨닫는다. 하나님을 속인 것은 없는지 생각하게 된다. 또한 거짓말하면 어떻게 되는지 깨닫게 되고 회개하게 된다. 그것은 말씀에 생명력이 있기 때문이다. 물론 일반 책을 읽어도 깨닫고 반성하게 된다. 하지만 성경은 우리의 마음과 생각과 삶까지 완전히 변화시킨다. 전인격적인 변화가 일어난다. 이것은 말씀에 생명력이 있기 때문이다.

## 말씀을 주신 목적이 무엇인가?

### 1) 지혜가 있게 한다

"또 어려서부터 성경을 알았나니 성경은 능히 너로 하여금 그리스도 예수 안에 있는 믿음으로 말미암아 구원에 이르는 지혜가 있게 하느니라"(딤후 3:15).

성경 곧 말씀은 우리에게 지혜가 있게 한다. 그 지혜는 구원에 이르는 지혜이다.

성경은 구원사적인 관점에서 기록되었다. 구약성경은 구원의 메시아가 오실 것에 대한 예언의 말씀이고, 신약성경은 오신 메시아가 구원의 사역을 성취하시고, 그 구원의 복음이 땅 끝까지 전파될 것을 명령하신 내용이다. 그 대표적인 말씀들이 있다.

"하나님이 세상을 이처럼 사랑하사 독생자를 주셨으니 이는 그를 믿는 자마다 멸망하지 않고 영생을 얻게 하려 하심이라"(요 3:16).
"예수께서 이르시되 내가 곧 길이요 진리요 생명이니 나로 말미암지 않고는 아버지께로 올 자가 없느니라"(요 14:6).
"사람이 마음으로 믿어 의에 이르고 입으로 시인하여 구원에 이르느니라"(롬 10:10).

이처럼 말씀은 구원에 이르는 지혜가 있도록 한다. 이것이 말씀을 주신 첫 번째 목적이다.

2) 온전하게 한다

"이는 하나님의 사람으로 온전하게 하며"(딤후 3:17).

여기서 "온전하게"라는 말은 '성숙되게'라는 뜻이다. 이것은

'인격의 변화'를 의미한다. 이처럼 말씀은 성도의 인격을 변화시킨다. 말씀에 생명력이 있기 때문이다. 그래서 성도는 인격이 변화되어야 한다.

인격은 언어를 통해서 나타난다. 사람 앞에서는 "마귀야, 물러가라!"고 하면 안 된다. 그러면 남편은 절대로 교회에 나오지 않는다. 성도다운 태도는 언어를 통해서 나타나기 때문이다. 사람의 말과 행동을 보면 그 사람의 인격을 알 수 있다. 교만한 사람은 반말을 하고, 행동도 거들먹거린다. 그러나 인격적인 사람은 말이 부드럽고, 행동도 점잖다.

어떤 사람이 인도의 존경받는 지도자 마하트마 간디에게 물었다. "전도하는 데 가장 큰 장애물이 무엇입니까?" 그랬더니 "그리스도인"이라고 대답했다고 한다. 참 마음 아픈 일이 아닐 수 없다. 우리도 인격의 변화가 없으면 전도하는 데 장애물이 될 수 있다.

그런데 말씀은 우리의 인격을 변화되게 한다. 이것은 죄를 전혀 안 짓거나 흠이 없는 상태를 말하는 것이 아니다. 예수님을 닮아가는 성화의 과정을 가리킨다. 요한일서 3장 2절을 보면, "그가 나타나시면 우리가 그와 같을 줄을 안다"고 말했다. 이것은 지금 우리의 모습이 아직도 온전하지 않다는 것을 말하고, 성화의 과정을 통하여 예수님이 재림하실 때에야 비로소 온전하게 변화된다는 뜻이다.

그래서 요한계시록 1장 3절처럼 성도는 말씀을 늘 읽고, 듣고, 그 말씀대로 지키는 자가 되어야 한다. 그러면 인격의 변화를 이루어 온전한 사람이 될 수 있다. 이것이 말씀을 주신 두 번째 목적이다.

### 3) 선을 행할 능력을 갖추게 한다

"모든 선한 일을 행할 능력을 갖추게 하려 함이라"(딤후 3:17).

이 말씀은 '선을 행하도록 만든다'는 뜻이다. 왜냐하면 말씀에 생명력이 있기 때문이다.

말씀을 묵상하면 새사람이 되고, 삶에 변화가 일어난다. 하나님의 나라를 위해 쓰임 받는다.

제자훈련을 하면서 가장 큰 보람은 훈련생들이 변화되어 가는 모습을 보는 것이다. 공부를 하고, 생활 숙제를 하나하나 실천하면서 변화되어 가는 모습은 가르치는 사람뿐만 아니라 함께 훈련받는 반원들에게도 감동을 준다. 가족들을 통해서도 "변화되었다"는 말을 들을 때 얼마나 감사한지…. 훈련하는 보람이 있다. 그래서 아무리 피곤해도 평신도훈련 사역에 매진하는 것이다.

무엇이 삶을 변화되게 하는가? 훈련의 방법이 아니고, 훈련시키는 목회자도 아니다. 생명력 있는 하나님의 말씀이다. 말씀이 삶을 변화시킨다.

영국의 존 웨슬리 목사가 부흥회를 하고 난 다음에 그 지역에 있는 술집 주인들이 크게 기뻐했다고 한다. 그 이유는 은혜 받은 성도들이 외상 술값을 모두 청산했기 때문이다. 그런데 나중에는 그 술집 주인들이 모두 망했다고 한다. 그 이유는 은혜 받은 성도들이 술집을 찾지 않았기 때문이다. 그리고 교도소도 텅텅 비었다고 한다.

말씀을 들으면 이런 변화가 일어난다.

이것이 말씀을 주신 세 번째 목적이다.

## 말씀의 기능은 무엇인가?

"모든 성경은 하나님의 감동으로 된 것으로 교훈과 책망과 바르게 함과 의로 교육하기에 유익하니"(딤후 3:16).

### 1) 교훈하신다

이것은 선과 악에 대한 말씀이다. "선한 것을 행하고, 악한 것을 행하지 말라"고 가르쳐 준다. 마치 부모가 아이에게 "착한 아이가 되라"고 하는 것과 같다.

### 2) 책망하신다

이것은 우리가 범한 죄를 지적하는 말씀이다. 마치 아이가 잘못했을 때 부모가 책망하는 것과 같다.

3) 바르게 하신다
이것은 회개하게 하는 말씀이다. 마치 아이가 잘못했을 때 부모가 훈육으로 바로 잡아 주는 것과 같다.

4) 의로 교육하신다
이것은 진리를 깊이 깨닫도록 인도하는 말씀이다. 마치 아이에게 좀 더 필요한 교육을 시키는 것과 같다.
미국 새들백교회의 릭 워렌 목사가 만성적 피로와 영적 죄책감을 갖고 있는 사람들에게 '성경에서 찾은 영과 육에 활력을 주는 5가지 법칙'에 대해 말했다.
첫째는 죄가 없는 깨끗한 마음을 갖는 것이다. 엔진이 깨끗할수록 차가 잘 나가듯이 마음이 깨끗해야 한다.
둘째는 사람이 아닌 하나님을 바라보는 것이다. 환경을 지배할 수는 없지만 바라보는 시각은 선택할 수 있다. 사람이 아닌 하나님을 바라보는 시각만 가져도 많은 스트레스가 사라진다.
셋째는 비전을 향해 갱신되는 목표를 갖는 것이다. 비전은 삶을 이끄는 원동력이다. 하나님이 주시는 꿈으로 새로운 목표를 세워야 한다.
넷째는 서로 격려하고 후원하는 모임을 갖는 것이다. 같은 믿음을 공유하는 지체들과의 합력은 선을 이룬다.
다섯째는 하나님께 플러그를 꽂는 것이다. 플러그에 꽂을 때 충전이 되듯이 하나님께 플러그를 꽂아야 한다. 그래야 힘을 공급받을 수 있다.

　이처럼 인격과 삶의 변화를 위해서는 이러한 말씀을 묵상해야 한다. 특히 말씀의 네 가지 기능에 민감하게 반응해야 한다.

　주변을 보면, 성경은 부지런히 들고는 다니는데 인격과 삶에 아무런 변화도 일어나지 않는 사람들이 있다. 성경을 읽어도 교훈의 소리를 듣지 못하고, 책망의 소리를 잘 듣지 못한다. 회개하기를 싫어한다. 진리를 분별하지 못한다. 그럼에도 불구하고 대수롭지 않게 여기고 있다. 얼마나 답답한 일인가? 우리가 이런 사람 중 하나가 아닌지 반성해 보아야 한다.

　성경은 일반 책들과는 달리 생명력이 있다. 그래서 성도는 하나님의 말씀을 들어야 한다. 말씀을 받아들여야 한다. 말씀을 따라다녀야 한다. 교회나 목사를 쫓아다니면 안 된다. 사람을 쫓아다니다 보면 꼭 얻는 것이 있다. 그것은 실망과 상처이다.

　예수님만을 바라보기 바란다. 말씀만을 좇기를 바란다. 그러면 구원에 이르는 지혜를 얻고, 인격의 변화로 온전하게 되며, 선을 행할 능력을 갖추어 삶의 변화를 이루어갈 수 있다. 말씀에 생명력이 있기 때문이다.

기초 3

# 기도의 특권(特權)

성도는 생명력 있는 하나님의 말씀을 묵상해야 하지만 하나님 앞에 나아가 기도하는 것도 중요하다. "기도가 무엇이냐?"고 물으면 흔히 '영혼의 호흡'이라고 말한다. 사람이 호흡하지 않으면 죽는 것처럼 성도의 영적인 삶도 기도가 없으면 죽기 때문이다.

성경의 위대한 인물들은 모두 기도하는 사람들이었다. 구약시대의 노아와 아브라함, 이삭과 야곱, 애굽의 총리가 되었던 요셉, 또한 이스라엘 백성들의 지도자였던 모세와 여호수아, 그리고 선지자들은 모두 기도의 사람들이었다. 바벨론에 포로로 끌려가 메대와 바사의 총리가 되었던 다니엘도 기도의 사람이었다. 신약에서 예수님도 기도의 본을 보이셨고, 사도 바울도 기도로 복음을 전하는 사명을 감당했다. 위대한 인물들은 모두 기도하는 사람들이었다.

세상의 위대한 인물들도 기도하는 사람들이 많다. 미국의 28대 윌슨 대통령은 외교적인 문제로 큰 난관에 처했을 때 하나님의 도우심이 절실하여 국무회의에서 이렇게 말했다.

"여러분은 어떻게 생각할지 모르지만 저는 기도의 능력을 믿습니다. 현재의 난관을 극복하기 위해 함께 기도합시다." 그리고 모든 국무위원과 함께 무릎을 꿇고 기도했다고 한다.

기도는 문제해결의 지름길이다.

요즘 사람들은 바쁜 일로 기도할 시간이 없다고 말한다. 그러나 기도만큼 중요하고, 긴급한 일은 없다.

히브리서 4장 14-16절도 기도에 대한 내용이다. 히브리서 기자는 낙담하고 절망에 빠진 그리스도인들에게 믿음의 고백을 굳게 붙잡고, 기도로 하나님 앞에 담대히 나아갈 것을 권면했다.

## 기도는 성도의 특권이다

### 1) 큰 대제사장이 계시기 때문이다

"그러므로 우리에게 큰 대제사장이 계시니 승천하신 이 곧 하나님의 아들 예수시라 우리가 믿는 도리를 굳게 잡을지어다"(히 4:14).

이 말씀에 "우리에게 큰 대제사장이 계신다"라고 말했다. 큰 대제사장이 누구인가? 예수님이다.

하나님의 아들이신 예수님은 사람의 몸을 입고 이 땅에 와서 구원사역을 마치고 하늘로 승천한 큰 대제사장이시다.

율법의 대제사장은 성막에서 하나님께 제사하는 백성들의 중보자였지만 큰 대제사장이신 예수님은 흠이 없는 분이시고, 하나님 앞에서 우리의 연약함을 동정해 주시고, 우리를 감싸 주시며, 우리의 사정을 하나님께 대신 말씀해 주시는 중보자이시다. 마치 왕에게 나아갈 때 그의 곁에서 사정을 대신 말해 주는 사람과 같다. "전하, 이 사람은 착한 자이옵니다. 구원해 주옵소서"라고 말씀해 주시는 분이시다.

예수님은 우리의 큰 대제사장이다. 그래서 기도는 성도의 특권이다.

### 2) 때를 따라 돕는 은혜를 얻기 때문이다

> "그러므로 우리는 긍휼하심을 받고 때를 따라 돕는 은혜를 얻기 위하여 은혜의 보좌 앞에 담대히 나아갈 것이니라"(히 4:16).

"그러므로"는 '큰 대제사장이 계시므로'라는 뜻이다. 이것은 우리가 기도로 하나님께 매달려도 좋다는 근거이다. 또한 "때를 따라"에서 '때'는 '우리가 필요한 때'(in our time of need)를 말한다. 우리에게 하나님의 도움이 필요한 때는 언제인가? 필요하지 않을 때가 없지만 그것은 하나님이 아신다. 하나님은 우리가 필요한 때를 아시고, 그때마다 시의적절하게 우리를 도우신다.

그래서 우리는 돕는 은혜를 얻기 위해 날마다 은혜의 보좌 앞에 나아가야 한다. 은혜의 보좌는 지성소 안에 있는 '시은좌'를 말한다(출 25:17-22). 은혜가 베풀어지는 자리이다. 이곳에 나아가면 은혜를 얻는다. 첫째는 기도하고 나서 받는 은혜이다. 이것은 기도의 응답이다. 둘째는 기도하면서 받는 은혜이다. 이것은 기도하는 중에 자신이 변화되는 것이다.

기도하면 때를 따라 돕는 은혜를 얻는다. 기도는 성도의 특권이다. 우리는 이 특권으로 기도하는 성도가 되어야 한다.

## 기도에는 방법이 있다

### 1) 함정(陷穽)을 피해야 한다

"또 너희는 기도할 때에 외식하는 자와 같이 하지 말라 그들은 사람에게 보이려고 회당과 큰 거리 어귀에 서서 기도하기를 좋아하느니라 내가 진실로 너희에게 이르노니 그들은 자기 상을 이미 받았느니라"(마 6:5).

기도할 때에 함정에 빠지면 안 된다. 그 함정이 무엇인가? 바리새인의 기도이다.

바로 바리새인들은 기도할 때에 외식했다. 외식은 바깥에 가서 밥을 먹는 것이 아니라, '가면을 쓰고 연극한다'는 뜻이다. 속에 있는 자신은 감추고, 밖으로 자신을 드러내는 것을 말한다. 사람에게 과시하거나, '기도 잘하는 사람'이라고 자랑하는 것이다.

회중기도는 잘 준비해야 한다. 기도의 방향이 하나님이 아니라 사람을 향한다든지, 하나님께 감사하고 회개하며 간구하는 기도가 아니라 사람에게 과시하려 하고 가르치려는 것은 외식하는 기도이다. 이런 기도는 사람들이 듣고 보는 곳에서만 하는 것이 아니라, 심지어 혼자 있는 곳에서 하더라도 그것은 외식하는 기도이다.

바리새인들은 하루 세 번씩 정한 시간에 습관적으로 기도하고, 사람들이 보는 앞에서 자랑하며 기도했다. 그들은 그렇게 하는 것을 좋아했고, 그렇게 함으로 경건한 사람이라고 인정받기를 원했다. 그러나 그것은 잘못된 기도였다.

기도는 가장 경건한 신앙적 행위인데, 가장 경건하지 못하면 안 된다. 인간은 외식에 빠지기 쉬운 존재이다. 특히 진실해야 할 기도의 자리에서 외식의 함정에 빠져서는 안 된다.

### 2) 진실(眞實)하게 해야 한다

(1) 골방기도이다.

"너는 기도할 때에 네 골방에 들어가 문을 닫고 은밀한 중에 계신 네 아버지께 기도하라 은밀한 중에 보시는 네 아버지께서 갚으시리라"(마 6:6).

골방은 문자적으로 좁고 구석진 장소라는 뜻이지만, 여기서는 오직 하나님과 단둘만이 교통할 수 있는 곳을 말한다. 비록 혼잡한 지하철 속에서라도 사람을 의식하지 않고 하나님께만 집중할 수 있다면 그곳은 골방이 될 수 있다. 이러한 골방에서 기도해야 하는 이유는 은밀한 중에 계신 하나님께 기도하는 것이기 때문이다. 이것이 진실한 기도이다.

(2) 중언부언(重言復言)하지 않는다.

"또 기도할 때에 이방인과 같이 중언부언하지 말라 그들은 말을 많이 하여야 들으실 줄 생각하느니라"(마 6:7).

중언부언은 마음에도 없는 말을 형식적으로 늘어놓는 기도이다. 예를 들어, "사랑하는 하나님 아버지", "우리는 죄인입니다" 하면서 마음에도 없이 기도하는 것은 중언부언이다. 생각 없이 기도하고, 습관처럼 기도하는 것은 모두 중언부언이다. 예를 들어, 주기도문으로 기도할 때에 생각 없이 하고, 그냥 주문을 외우는 것처럼 한다면 그것은 중언부언이다.

그러나 반복 기도는 중언부언이 아니다. 그리고 긴 기도도 중언부언이 아니다. 이것은 하나님의 마음을 움직이는 도구가 될 수 있기 때문이다. 그러나 횡설수설하면 그것은 중언부언이 될 수 있다.

예수님은 제자들에게 기도하는 방법을 가르쳐 주셨다. 마태복음 6장 9-13절의 말씀은 주님이 가르쳐 주신 기도이다.

기도에는 우선순위가 있다고 하셨다. 먼저 구할 것은 하나님의 영광이고, 나중에 구할 것은 우리의 필요이다. 그리고 중요한 것을 구하라고 하셨다. 중요한 것은 물질적인 것도 있지만 영적인 것이다.

이렇게 주님이 가르쳐 주신 기도와 우리의 기도는 어떻게 차이가 나는가? 한번 생각해 보라. 우리는 주님이 가르치신 기도와 정반대로 하고 있지는 않은가?

우리는 함정을 피하고, 진실하게 기도하는 성도가 되어야 한다.

기도는 성도가 은혜의 보좌 앞에 나아가는 것이다. 성도는 이렇게 기도해야 한다. 마치 왕자가 왕 앞에 마음대로 들어갈 수 있는 것처럼 우리는 은혜의 보좌 앞에 담대히 나아가야 한다. 큰 대제사장이신 예수님이 계시기 때문이다. 때를 따라 돕는 은혜를 얻을 수 있기 때문이다. 그래서 기도는 성도의 특권이다.

한국교회 역사를 보면, 부흥은 새벽기도회를 통해서 이루어졌다. 새벽은 하나님이 역사하시는 시간이다. 성경을 보면 홍해가 갈라진 사건, 광야에 거하는 이스라엘 백성에게 만나를 주신 사건, 여리고 성이 무너진 사건이 모두 새벽에 일어났다.

　이처럼 새벽에 나와 예배하고 기도하면 말씀을 깨닫게 해 주시고, 성령께서 깊은 감동을 주시는 귀한 경험을 하게 된다. 때로는 졸기도 하지만 그러한 가운데서도 하나님의 따뜻한 은혜가 있다. 이것은 아무나 가질 수 있는 특권이 아니다. 새벽기도회에 나오는 분들에게만 주어진다.

　또한 수요성령기도회도 마찬가지이다. 과거에는 주일 후 3일째 모이는 예배라고 해서 삼일기도회라고 했는데, 지금은 다양한 형태로 예배를 드린다. 수요성령기도회에 나와 찬양으로 마음의 문을 열고, 기도로 하나님께 간구하며, 하나님의 말씀을 아멘으로 받으면 성령 충만한 은혜를 경험하게 된다. 이것도 아무나 가질 수 있는 특권이 아니다. 수요성령기도회에 나오는 분들에게만 주어진다.

　구약성경을 보면, 성전은 뜰과 성소와 지성소로 나뉘어 있다. 지성소는 하나님을 만나는 장소이다. 그래서 성전이 존재하는 목적은 지성소로 나아가기 위함이다. 성도가 존재하는 목적도 마찬가지이다. 지성소로 나아가는 것이다. 성도는 지성소로 나아가 하나님을 만나야 한다. 그렇지 않고 성소만 드나들고, 뜰만 밟으면 안 된다. 뜰만 밟는 신자를 '발 신자'라고 말하고, 성소에만 앉았다 가는 신자를 '엉덩이 신자'라고 말한다. 그러나 지성소로 들어가는 신자는 '무릎 신자'라고 말한다. 우리는 발 신자, 엉덩이 신자가 되지 말고, 무릎 신자가 되어야 한다. 이런 신자가 많은 교회가 희망이 있다. 우리는 이런 교회가 되어야 한다.

  기도는 해도 되고 안 해도 되는 것이 아니다. 반드시 해야 하는 것이다. 왜냐하면 기도는 성도의 특권이기 때문이다.

기초 4

# 응답의 비결(祕訣)

'비결'은 남이 알지 못하는 자기만의 독특하고 효과적인 방법을 말한다. 영어로는 노하우$^{know-how}$라고 말하는데, 이러한 노하우는 기술적 비결로 번역이 되기는 하지만 오늘날에는 영업 비밀과 동일한 의미로 사용되기도 한다.

그런데 이러한 비결은 기도의 응답에도 있다. 예수님께서는 제자들에게 이 비결을 가르쳐 주셨다.

남아프리카공화국의 성자 앤드류 머레이$^{Andrew\ Murray}$가 쓴 《내 앞에 엎드려라》라는 책을 보면, 이런 질문을 하고 있다. "당신은 하루에 5-10분이라도 기도하고 있는가? 아니면 온종일 세상적 욕심에 사로잡혀 지내는가? 어느 쪽에 더 가까운 삶을 살고 있는가?"

이 질문에 여러분은 어떻게 대답하겠는가? 만약 여러분에게 누가 "기도 응답을 얼마나 받았습니까?"라고 묻는다면, 자신 있게 말할 수 있는 사례들이 몇 가지나 된다고 생각하는가? 기도의 응답은 성경에서 제일 많이 언급하고 있는 하나님의 약속이다. 이것은 그만큼 응답 받을 확률이 높다는 뜻이다. 그런데도 우리가 응답 받지 못한다면 그것은 우리의 문제이다. 응답 받는 비결은 무엇인가?

## 응답의 확신을 가져야 한다

"구하라 그리하면 너희에게 주실 것이요 찾으라 그리하면 찾아낼 것이요 문을 두드리라 그리하면 너희에게 열릴 것이니"(마 7:7).

이 말씀은 기도의 세 가지 유형이 있는 것처럼 보이지만, 이것은 기도할 것과 응답해 주실 것을 삼중적으로 강조한 말씀이다. 구하고, 찾으며, 두드리라고 말씀하신다. 그리하면 줄 것이고, 찾아낼 것이며, 열릴 것이라고 약속하셨다.

그런데 이 말씀을 곰곰이 묵상하다 보면, 우리에게 들려주시는 말씀이 있다. 그것은 "기도하면 내가 반드시 응답해 줄 텐데, 왜 기도하지 않느냐?"라는 것이다. 그래서 예수님은 기도하라고 거듭 강조하셨다(마 7:8).

우리가 기도하면 하나님은 반드시 응답해 주신다. 그것도 좋은 것으로 응답을 주신다.

마태복음 7장 9-10절 말씀을 보면, "너희 중에 누가 아들이 떡을 달라 하는데 돌을 주며 생선을 달라 하는데 뱀을 줄 사람이 있겠느냐?"라고 했다. 없다는 뜻이다. 떡을 달라고 하는데 돌을 주고, 생선을 달라고 하는데 뱀을 줄 부모가 어디 있겠는가? 세상의 부모도 이러한데, 하물며 하나님은 더 좋은 것으로 주시지 않겠느냐는 것이다. 반드시 좋은 것으로 응답해 주신다는 말이다.

그런데 우리에게 응답의 확신이 없는 것은 아닌가?

자녀를 키울 때, 무엇을 해주겠다고 두 번, 세 번 손가락을 걸고 약속을 해주었는데도 믿지 못하고 의심하는 투로 말하는 경우가 있다. 그러면 무엇이라고 말하는가? "이 아빠를 못 믿어? 믿어! 진짜로 해준다니까!" 만약 이렇게 약속했는데도 어긴다면 그는 더 이상 아빠라고 말할 수 없다. 마찬가지로 하나님은 약속한 것을 절대로 어기시는 분이 아니다.

공군 조종사 출신이자 미국 이스턴 항공의 초대 CEO였던, 에디 리켄배커 Eddie Rickenbacker가 1942년, 미군의 항공작전 사정 평가를 위해 태평양을 횡단하다가 그만 태풍을 만나 비행기가 불시착하고 말았다. 그때 그는 생존자들과 함께 작은 뗏목에 몸을 싣고 망망대해를 표류하며, 온갖 고통을 겪었다. 낮이면 뜨거운 태양 빛으로, 밤이면 모진 추위로 고통받았다. 심지어 마실 물조차 없었다. 그렇지만 그들은 모두 신실한 신자였기 때문에 포기하지 않고 기도했다. 더 이상 견딜 수 없는 상황에서도 기도를 멈추지 않았다.

그런데 어느 순간부터 기적 같은 일이 일어나기 시작했다. 탈진되었을 때에는 갑자기 비가 내려 마실 물을 얻을 수 있었고, 높이 날던 갈매기가 갑자기 뗏목에 내려앉아 그것으로

배를 채울 수 있었으며, 내장으로 미끼를 만들어 물고기를 잡아먹을 수 있었다. 또한 내리쬐는 태양 빛에 지칠 때는 구름이 하늘을 가리어 선선하게 해주었다.

그렇게 한 달쯤 버텼을 때 지나가는 배를 만나 극적으로 구조되었다. 기자들이 극한의 어려움을 버틸 수 있었던 비결을 물었을 때, 에디 리켄배커는 이렇게 대답했다. "비결은 잘 모르겠습니다만 단지 우리는 확신을 가지고 믿음으로 기도했습니다."

기도 응답의 비결은 확신을 가지고, 믿음으로 기도하는 것이다. 우리는 응답의 확신을 가져야 한다.

## 방해물을 제거해야 한다

### 1) 손에 피이다

"너희가 손을 펼 때에 내가 내 눈을 너희에게서 가리고 너희가 많이 기도할지라도 내가 듣지 아니하리니 이는 너희의 손에 피가 가득함이라"(사 1:15).

손에 피가 가득하면 기도할지라도 듣지 않는다고 말씀하셨다. 손에 피는 남을 악하게 대하는 것이다. 배려하지 않고, 감싸 주지 않고, 미워하는 것이다. 이렇게 남에게 해를 입히면서 하나님께 "나를 도와주세요"라고 기도한다면 하나님께서 들어주시겠는가? 응답의 방해물은 손에 피이다.

### 2) 용서하지 못함이다

"너희가 사람의 잘못을 용서하지 아니하면 너희 아버지께서도 너희 잘못을 용서하지 아니하시리라"(마 6:15).

용서하지 못하는 것은 기도 응답의 방해물이다. 육신의 가족뿐만 아니라 영적인 가족들과의 용서를 말한다. 더 나아가 나와 관계된 모든 사람과의 용서를 말한다. 용서하지 못하는 것은 응답의 방해물이다.

### 3) 의심하는 것이다

"오직 믿음으로 구하고 조금도 의심하지 말라 의심하는 자는 마치 바람에 밀려 요동하는 바다 물결 같으니 이런 사람은 무엇이든지 주께 얻기를 생각하지 말라"(약 1:6-7).

의심은 마치 바람에 밀려 요동하는 바다 물결과 같다. 이것은 응답의 심각한 방해물이다.

4) 정욕으로 구하는 것이다

"구하여도 받지 못함은 정욕으로 쓰려고 잘못 구하기 때문이라"
(약 4:3).

정욕이란 육신의 정욕과 안목의 정욕, 이생의 자랑을 말한다(요일 2:16). 이것을 구하는 기도는 응답을 받을 수 없다. 정욕을 위하여 구하지 말고, 하나님께 영광을 돌리기 위해 구해야 한다. 자녀를 위한 기도도 하나님의 영광을 위한 것이어야 한다. 그렇지 않는 것은 정욕으로 쓰려고 잘못 구하는 것이 될 수 있다.

이외에도 기도 응답에 방해물들이 있다. 예를 들어, 미움, 갈등, 다툼과 같은 것들이다. 우리는 이러한 방해물을 제거해야 한다.

## 약속의 말씀을 붙잡아야 한다

1) 즉각 응답된다

"주의 종 아브라함과 이삭과 이스라엘을 기억하소서 주께서 그들을 위하여 주를 가리켜 맹세하여 이르시기를 내가 너희의 자손을 하늘의 별처럼 많게 하고 내가 허락한 이 온 땅을 너희의 자손에게 주어 영원한 기업이 되게 하리라 하셨나이다"(출 32:13).

이스라엘 백성들의 지도자 모세가 시내 산에 올라가 하나님과 교제할 때에 이스라엘 백성들은 산 아래에서 아론과 함께 금송아지 우상을 만들었다. 이에 분노한 하나님께서 이스라엘 백성들을 멸하겠다고 말씀하셨다. 그때 모세가 무엇이라고 기도했는가? 그 백성들을 용서해 달라고 간구했다. 그러자 하나님이 즉각 분노를 누그러뜨리시고, 기도에 응답해 주셨다. 그 이유는 모세가 말씀을 붙잡았기 때문이다.

하나님은 모세의 조상들에게 "내가 너희의 자손을 하늘의 별처럼 많게 하고, 내가 허락한 이 온 땅을 너희의 자손에게 주어 영원한 기업이 되게 하리라"고 말씀하셨다. 모세는 이 말씀을 붙잡고 기도했다. 그러자 하나님이 즉각 심판을 철회하셨다(14절).

약속의 말씀을 붙잡으면 기도가 응답된다. 자녀의 요구가 좀 지나쳐도 부모가 들어줄 수밖에 없는 것은 부모가 입으로 약속했던 것을 자녀가 요구할 때이다. "시험을 쳐서 100점을 맞으면 스마트폰을 사주겠다"라고 자녀와 약속했으면 부모는 반드시 지켜야 한다. 약속했기 때문이다.

우리는 약속의 말씀을 붙잡아야 한다.

## 2) 하나님의 때에 응답된다

"나는 벧엘의 하나님이라 네가 거기서 기둥에 기름을 붓고 거기서 내게 서원하였으니 지금 일어나 이곳을 떠나서 네 출생지로 돌아가라 하셨느니라"(창 31:13).

기도가 항상 즉각 응답되는 것은 아니다. 물론 한두 시간 안에 올 때도 있지만 대부분은 하나님의 때에 응답된다.

야곱은 창세기 28장에서 하나님께 서원했다. 그런데 31장에 와서야 기도가 응답되기 시작했다. 그 기간은 20년이나 되었다. 그렇지만 그것은 하나님의 때였다.

하나님은 하나님의 때에 가장 좋은 방법으로 우리에게 응답해 주신다. 그 이유는 그때가 내 인생의 최선의 때이기 때문이다. 그래서 하나님은 그때까지 우리를 훈련시키고, 준비시키시는 것이다. 그래서 기도는 하나님의 때에 응답해 주신다.

어떤 장로님의 이야기이다. 사업이 잘되면서 신앙생활에 소홀해지기 시작했고, 직분도 제대로 감당하지 않았다. 그러던 중에 예기치 않은 일이 일어나 갑자기 사업이 기울기 시작했고, 다급해진 장로님은 동분서주하며 뛰어보았지만 결국 부도가 나고 말았다. 그러자 함께했던 사람들이 하나 둘 떠나고, 거래처도 끊기며, 친한 친구들마저도 멀리하기 시작했다. 그 순간, 참을 수 없는 배신감과 큰 좌절감이 밀려왔지만 빈손이 된 상태에서는 어쩔 수가 없었다.

모든 것을 잃은 장로님은 마지막이라는 심정으로 기도원에 들어가 금식하며 하나님께 기도했다. 얼마나 간절히 기도했겠는가! 그런데 기도하던 중에 큰 깨달음을 얻었다고 한다. 그것은 '세상 사람들과 멀어지니 비로소 하나님과 가까워진다'는 것이었다. 그 사실을 고난을 겪고 나서야 깨달았다. 참 값비싼 공부를 한 것이다.

때로는 우리에게 실패도 은혜이다. 그러니 낙심 말고 기도해야 한다. 하나님은 내 인생의 최선의 때에 반드시 응답해 주실 것이기 때문이다.

기초 5

# 하나님의 큐(Cue) 사인

옥한흠 목사는 제자훈련교재 1권,《제자 훈련의 터다지기》에서 "예수님을 믿는다는 것과 하나님을 만나 마음을 나눈다는 것은 같은 말이 아니다"라고 말했다. 예수님을 믿는다는 것은 성령님의 임재로 예수님과 내가 하나 되는 것을 말한다. 그리고 하나님을 만나 마음을 나눈다는 것은 예수님과 하나 된 내가 매일 하나님 앞에 나아가 기도하고, 말씀을 들으며, 그 말씀에 따라 살 것을 다짐하는 것이다. 이것을 가리켜 "하나님과의 교제"라고 말한다.

매일 정한 시간에, 정한 장소에서 찬양을 하고, 말씀을 묵상하며, 기도하는 습관을 가지면 마치 가지가 나무에서 진액을 공급받아 그 잎이 푸르고 열매를 맺는 것처럼 축복의 삶을 누리게 된다(시 1:1-3). 그러므로 성도는 매일 하나님과 만나야 한다.

## 만남의 방법은 무엇인가?

"그러므로 우리는 긍휼하심을 받고 때를 따라 돕는 은혜를 얻기 위하여 은혜의 보좌 앞에 담대히 나아갈 것이니라"(히 4:16).

### 1) 때를 따라

우리는 하나님의 긍휼하심을 받은 자이다. 이러한 우리는 때를 따라 하나님과 만나야 한다. 여기서 "때"는 영어성경(NIV)에서 "in our time of need"라고 말한다. 이것은 우리가 필요한 때를 뜻한다. 우리에게 하나님의 도우심이 필요한 때는 언제인가? 하나님의 도우심이 필요하지 않은 때는 없다. 매 순간, 항상 하나님의 도우심이 필요하다. 그러므로 우리는 때를 따라 하나님을 만나야 한다.

### 2) 돕는 은혜를 얻기 위해

이것은 만남의 목적이다. 우리는 하나님의 은혜 없이는 한순간도 살아갈 수 없다. 지금도 마찬가지이다. 우리는 하나님의 돕는 은혜로 살고 있다. 그 은혜는 수없이 많다. 죽을 뻔했다가 살아난 때도 있고, 완전히 망할 뻔했지만 다시 회복한 적도 있으며, 다 포기하고 싶었는데 다시 일어선 적도 있다.

우리는 돕는 은혜를 얻기 위해 하나님을 만나야 한다.

### 3) 은혜의 보좌 앞에

은혜의 보좌는 구약성경을 보면, 지성소 안의 '시은좌'를 말한다. 시은좌는 '은혜가 베풀어지는 자리'라는 뜻이다. 우리는 돕는 은혜를 얻기 위해 은혜의 보좌 앞에 나아가야 한다.

우리 교회는 매년 큐티학교와 행복큐축제를 실시하고, 매월 큐티리더모임과 매주 큐티모임을 갖는다. 또한 매일 큐티를 한 후에 나눔방에서 큐티나눔을 실시하고 있다. 이것은 때를 따라 돕는 은혜를 얻기 위한 것이다. 우리가 은혜의 보좌 앞에 나아가면, 축복의 삶을 누리게 된다.

## 예수님은 어떻게 만나셨는가?

"새벽 아직도 밝기 전에 예수께서 일어나 나가 한적한 곳으로 가사 거기서 기도하시더니"(막 1:35).

만남의 모범은 예수님이다. 예수님은 세상에 계실 동안 하나님과의 만남을 지속하셨다.

### 1) 새벽에 만나셨다

35절을 보면, "새벽 아직도 밝기 전에"라고 기록되어 있다. 예수님은 아직 날이 밝기 전, 곧 해가 뜨기 전에 하나님과의 만남의 시간을 가지셨다. 계절에 따라 약간 차이가 있겠지만 새벽 4-5시쯤 정도였다. 이때에 만남의 시간을 가졌던 이유는 하루의 첫 시간인 것도 있었지만 그것보다도 바쁜 생활 때문이었다.

예수님의 하루 생활은 눈코 뜰 새 없이 바쁘셨다. 본문의 앞부분에 안식일로부터 그다음 날까지 예수님의 일과를 보면, 안식일 오전에는 회당에서 가르치는 사역을 하셨다. 그때에 귀신 들린 자가 있어 그 귀신을 쫓아내기도 하셨다. 그리고 쉬지도 못하고 곧바로 오후에 시몬 베드로의 집으로 가서 열병에 걸린 그의 장모를 고쳐 주셨다. 그리고 해가 저물어 갈 때쯤에 사람들이 병든 자와 귀신 들린 자들을 예수님께로 데려온 것이다. 그래서 저녁 늦게까지 예수님은 병든 자들을 고치셨고, 귀신들을 내어 쫓으셨다.

이처럼 예수님의 하루 일과는 매우 바쁘셨다. 그런데도 예수님은 다음 날 새벽에 하나님과 만남의 시간을 가지셨다. 왜냐하면 하나님과의 만남은 그날의 사역에 제일 중요한 부분이었기 때문이다. 어떻게 보면 예수님은 하나님과 만남의 시간을 갖지 않아도 될 분이셨다. 그럼에도 불구하고 매일 새벽마다 하나님과 만남의 시간을 가지셨다. 이것은 제자들에게 본을 보여주신 것이었다.

우리는 이러한 예수님을 본받아야 한다. 매일 새벽 하나님과의 만남의 시간이 소중하다. 새벽예배 혹은 큐티 생활과 기도로 하나님을 만나야 한다.

※ 하나님과의 만남이 안 되는 이유가 무엇인가?

⑴ 소중하게 생각하지 않기 때문이다.
소중한 일이라고 생각하면 반드시 만남의 시간을 갖는다.

⑵ 삶의 우선순위에 두지 않기 때문이다.
하나님과의 만남을 삶의 우선순위에 두어야 한다. 그런데 우리는 '바쁘다, 시간이 없다, 피곤하다'는 핑계로 하나님과의 만남을 소홀히 한다. 만남을 빼먹기 시작하면 우리의 신앙생활은 영적 침체기를 겪게 될 것이고, 신앙의 기준도 흔들리게 될 것이다. 아무리 바빠도 하나님과의 만남보다 더 중요한 것은 없다. 마르틴 루터는 "바쁘기 때문에 더욱 기도한다"라고 말했다. 왜냐하면 바쁠수록 하나님을 더욱 의지하고, 하나님께 도움을 구해야 할 일이 더 많기 때문이다. 운전하느라 바빠서 기름 넣을 시간이 없다고 말할 사람이 있겠는가!
따라서 우리는 바쁘다는 핑계를 대지 말고, 매일 새벽에 하나님과의 만남을 가져야 한다. 그러기 위해서는 규칙적인 수면시간과 기상시간을 습관화하고, 스케줄 관리를 잘해야 한다. 이것은 마치 지구의 중력을 탈출하는 것과 같아서 강한 의지와 노력이 필요하다. 완력기를 가지고 운동할 때, 처음에는 힘들지만 반복할수록 팔에 근육이 생기면서 점점 더 쉬워진다.
이처럼 습관화가 중요하다. 누가복음 22장 39절을 보면, 예수님도 습관에 따라 하나님과 만남의 시간을 가지셨다.

우리는 하나님과의 만남을 삶의 우선순위에 두고 습관화해야 한다. 이것이 축복의 삶을 누리는 방법이다.

2) 한적한 곳에서 만나셨다

마가복음 1장 35절을 보면, "예수께서 일어나 나가 한적한 곳으로 가사"라고 기록되어 있다. 한적한 곳은 '외딴곳', '사람이 없는 곳'을 말한다. 예수님이 한적한 곳으로 가신 이유는 그 어떤 것으로부터도 방해받지 않기 위해서였다. 그래서 예수님은 주로 감람산으로 가셨다. 그곳에서 매일 하나님과의 만남을 가지셨다.

우리도 예수님을 본받아 매일 한적한 곳에서 하나님과 만남의 시간을 가져야 한다. 그곳이 교회이든, 가정의 골방이든, 어느 곳이든 나만의 한적한 곳이면 된다. 그곳에서 하나님과 만나야 한다.

3) 거기서 기도하셨다

마가복음 1장 35절을 보면, "거기서 기도하시더니"라고 기록되어 있다.

예수님은 어떤 기도를 하셨을까? 알 수 없다. 그러나 기도한 후 가까운 마을로 가서 전도하신 것을 보면, 하루 일과를 위해 기도하셨다고 볼 수 있다. 예수님에게 전도는 세상에 오신 목적이었다. 그러므로 예수님은 이것을 위해 기도하셨다.

우리도 예수님을 본받아 일과를 위해 기도해야 한다.

※ 하나님과의 만남에는 두 가지 요소가 있다.

(1) 기도하는 시간이다.

기도는 예수님으로부터 배울 수 있다. 예수님이 기도하신 것처럼 우리도 매일 하나님과의 만남을 통해 기도해야 한다. 이 세상에서 가장 교만한 사람은 기도하지 않는 사람이다. 왜냐하면 하나님의 도움 없이 살 수 있다고 생각하는 사람이기 때문이다.

(2) 말씀을 듣는 시간이다.

시편 119편 97-102절을 보면, 시편 기자는 주의 말씀을 사랑한다고 고백했다. 그리고 주의 말씀을 받아들이고 순종했다. 또한 주의 말씀을 묵상하며 종일 작은 소리로 읊조렸으며, 주의 말씀대로 행하려고 노력했다.

모든 교회는 '큐티(QT) 하는 교회'가 되어야 한다.

큐티가 무엇인가? 큐(cue) 사인을 받는 시간이다. 매일 하나님과의 만남을 통해 하나님으로부터 큐 사인을 받고, 그 사인대로 하루를 살아가야 한다. 왜냐하면 하나님의 큐 사인 없이는 하나님의 뜻대로 하루를 살 수 없기 때문이다.

하나님의 말씀은 우리를 지혜롭게 하고, 명철하게 만든다.

원수보다 지혜롭고, 스승의 지식과 노인의 경험보다 명철함을 갖게 해준다. 그러므로 매일 하나님과의 만남을 통해 하나님의 말씀을 들어야 한다. 하나님의 말씀은 우리 발걸음에 등불이요, 우리가 가는 길에 빛이 되신다(시 119:105).

신앙
Build up

# 빌드 업의 핵심
## (Core)

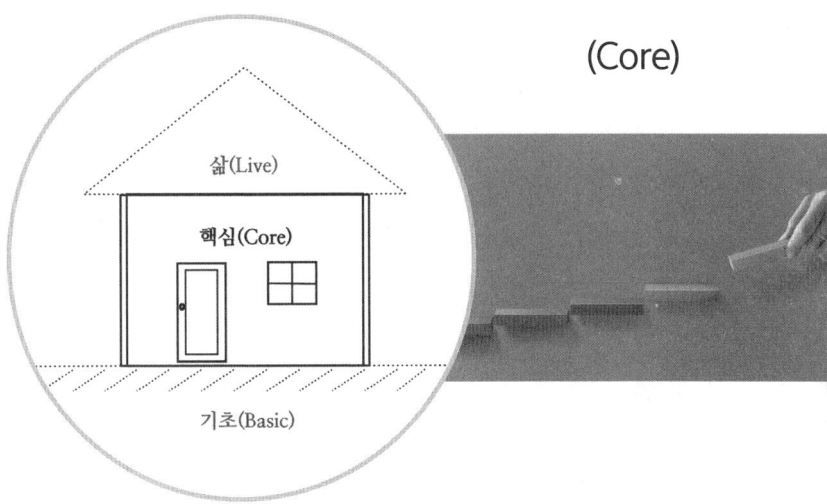

핵심1

# 성경, 하나님의 말씀

성경은 어떠한 책인가? 이 세상에서 가장 권위 있는 책이다. 왜냐하면 하나님의 말씀이 기록된 책이기 때문이다. 하나님의 말씀에는 권위가 있다. 능력이 나타난다. 놀라운 기적이 일어난다. 치유와 회복이 이루어진다. 귀신이 떠나가고, 사탄도 물러간다.

예수님도 광야에서 40일간 금식하신 후에 사탄으로부터 시험을 받으셨을 때 하나님의 말씀으로 그 사탄을 물리치셨다. 또한 종교 지도자들과의 논쟁에서도 하나님의 말씀으로 그들을 책망하셨고, 무엇보다 예수님은 철저히 하나님의 말씀에 따라 구원사역을 이루셨다. 영국의 존 스토트 목사님은 이러한 예수님의 행적들을 근거로 "성경은 이 세상에서 가장 권위 있는 책"이라고 말했다.

성경은 권위 있는 책이다. 우리는 이러한 성경의 권위 앞에 순종해야 한다. 그 이유가 무엇인가?

## 하나님의 말씀이기 때문이다

### 1) 옛적에 말씀하셨다

"옛적에 선지자들을 통하여 여러 부분과 여러 모양으로 우리 조상들에게 말씀하신 하나님이"(히 1:1).

여기서 "옛적에"는 구약시대를 말한다. 그때에 하나님이 조상들에게 말씀하신 것은 구약성경을 뜻한다.

어떻게 말씀하셨는가? "선지자들을 통하여" 말씀하셨다.

창세기의 저자는 누구인가? 하나님이다. 예레미야서는 누구인가? 하나님이다. 모세오경이라고 해서 모세가 저자가 아니고, 예언서라고 해서 선지자들이 저자가 아니다. 하나님은 모세, 여호수아, 다윗, 솔로몬, 선지자들을 통하여 말씀하셨다. 이들은 기록자일 뿐이다. 그래서 성경에는 약 40여 명의 기록자들이 있다.

또한 "여러 부분과 여러 모양으로"라고 말씀하셨다.

창세기 18장을 보면, 하나님은 아브라함에게 두 명의 천사와 함께 사람의 형상으로 나타나 말씀하셨다. 창세기 22장 2절에서는 아브라함에게 직접 나타나 "네 사랑하는 독자 이삭을 데리고 모리아 땅으로 가서 내가 네게 일러 준 한 산 거기서 그를 번제로 드리라"고 하셨다.

그리고 창세기 28장에도 하나님은 밧단아람으로 도망가던 야곱이 벧엘에서 잠잘 때에 꿈에 나타나 "내가 너와 함께 있어 네가 어디로 가든지 너를 지키며 너를 이끌어 이 땅으로 돌아오게 할지라"(15절)고 말씀하셨다.

이외에도 하나님은 환상으로 말씀하셨고, 불 가운데에 나타나서 말씀하셨으며, 구름 가운데 나타나서 말씀하셨다. 이와 같이 하나님은 다양한 방법으로 말씀하셨다.

### 2) 마지막에 말씀하셨다

> "이 모든 날 마지막에는 아들을 통하여 우리에게 말씀하셨으니 이 아들을 만유의 상속자로 세우시고 또 그로 말미암아 모든 세계를 지으셨느니라"(히 1:2).

여기에 "이 모든 날 마지막에는"이라고 기록되어 있다. 이것은 종말의 때가 아니라 예수님이 오신 이후를 말한다. 곧 신약시대를 의미한다. 그때에 하나님이 우리에게 말씀하셨는데, 그것은 신약성경이다.

어떻게 말씀하셨는가? 이 말씀을 보면 "아들을 통하여" 말씀하셨다. 신약성경은 하나님이 아들이신 "예수님을 통하여" 우리에게 주신 말씀이다.

제자들과 사도들이 예수님을 통하여 하나님의 말씀을 받아 기록했다. 그것은 하나님이 예수님을 통하여 우리에게 주신 말씀이다. 특히 선지자들을 통하여 말씀하신 구약성경과는 달리 상속자인 예수님이 이 세상에 직접 오셔서 말씀하신 것이기 때문에 이것은 죄인들에 대한 최후통첩이라고 할 수 있다. 그뿐만 아니라 이제 더 이상 보낼 자가 없다는 뜻이고, 불순종하면 끝이라는 경고가 담겨 있는 말씀이다(마 21:33-46).

그러므로 우리는 이러한 성경의 권위 앞에 순종해야 한다.

기독교 역사학자인 마크 놀$^{Mark\ Noll}$은 교회 공동체가 역동적인 움직임을 만들기 위해 가장 우선시되어야 할 과제는 "공동체가 성경을 하나님의 말씀으로 인정하느냐에 그 성패가 달려 있다"고 말했다. 이것은 성경이 교회 공동체를 세우는 데 가장 기초가 되기 때문이다.

성경을 하나님의 말씀으로 인정하는 데에는 논쟁의 여지가 없다. 왜냐하면 적어도 성도라고 하면 모두 성경의 권위를 인정하기 때문이다. 문제는 성경에 기록된 말씀대로 살지 않는 것이다. 이것은 결국 성경의 권위를 인정하지 않는 것과 같다.

그러므로 성도는 성경을 하나님의 말씀으로 인정할 수 있어야 한다. 그리고 매일 성경을 읽고, 주신 하나님의 말씀을 묵상하며, 그 말씀을 내 삶에 적용하여 세상 속에서 그렇게 살아야 한다. 이것이 성경의 권위를 회복하는 길이다. 왜냐하면 성경은 하나님의 말씀이기 때문이다.

## 성령의 감동으로 기록되었기 때문이다

"예언은 언제든지 사람의 뜻으로 낸 것이 아니요 오직 성령의 감동하심을 받은 사람들이 하나님께 받아 말한 것임이라"(벧후 1:21).

성경은 어떻게 기록되었는가?
사람의 뜻이나 지식이나 경험으로 기록된 것이 아니다. 오직 성령의 감동하심을 받은 사람들이 하나님께 말씀을 받아 기록했다. 성령의 감동하심을 받았다는 것은 성경의 기록자들이 성령의 지혜와 능력과 인도하심에 사로잡혔다는 뜻이다.

곧 성령이 기록자들에게 임하여 그들이 하나님의 음성을 듣고, 본 것을 기억하게 되었고, 깨닫게 되었다. 이 일을 위해서 성령은 그들의 성격과 지식, 환경과 경험을 모두 활용하셨고, 동시에 조금도 거짓되거나 틀린 말이 들어가지 않도록 간섭하셨다. 이것을 가리켜 신학적으로 '유기적 영감'이라고 한다.

그래서 성경에는 똑같은 사건인데도 다양하게 기록되어 있다. 예를 들어, 복음서만 보아도 그렇다. 기록한 사람이 다르기도 하지만 예수님을 보는 시각도 달랐다. 마태는 예수님을 약속된 메시아로 보았고, 마가는 섬김의 종으로 보았고, 누가는 흠 없는 인자로 보았고, 요한은 성육신한 아들로 보았다. 그리고 기록 방법도 달랐고, 기록한 분량도 달랐다. 이것은 성령의 감동으로 기록되었기 때문이다.

20세기에 유명한 기독교 작가인 아더 핑크$^{Arthur\ Pink}$는 《성경의 권위》라는 책에서 성경이 완전무오한 하나님의 말씀이라는 사실을 증명하기 위해 13가지 근거를 제시했다. 그러면서 그는 "성경은 하나님의 생각과 뜻을 나타내는 계시"이며, "성경을 인정할 때 우리의 신앙생활에 큰 유익이 된다"고 말했다.

성경은 완전무오한 하나님의 말씀이다. 그것은 성령의 감동하심을 받은 사람들이 하나님께 받아 기록했기 때문이다.

우리는 이러한 성경의 권위 앞에 순종해야 한다. 그렇지 않으면 우리의 신앙은 마치 선장도 없이 풍랑이 휘몰아치는 바다 위를 이리저리 표류하는 배와 같을 것이다.

그런데 성경의 권위에 순종하지 못하고 의심할 때가 많다. 대표적으로는 예수님의 동정녀 탄생과 죽으셨다가 3일 만에 다시 살아나신 부활의 말씀이다. 이외에도 오병이어의 기적이라든지, 물 위로 걸으신 말씀을 보면, 믿기가 쉽지 않다. 그래서 가끔 처음 교회에 나온 분 중에는 이런 말을 하는 사람들이 있다. "교회에 갔더니 말도 안 되는 말만 하더라."

그러나 이런 사람이 성령을 받고, 믿음을 가지면 놀랍게 변화된다. 그 이유는 성경은 성령의 감동으로 기록된 책이기 때문이다.

우리는 성경의 권위 앞에 순종하는 사람이 되어야 한다.

## 예수님도 순종하셨기 때문이다

"내가 만일 그렇게 하면 이런 일이 있으리라 한 성경이 어떻게 이루어지겠느냐 하시더라"(마 26:54).

이 말씀은 예수님이 겟세마네 동산에서 가룟 유다를 비롯한 무리에게 붙잡힐 때에 하신 말씀이다. 그때에 베드로가 칼을 빼어 대제사장의 종의 귀를 쳐서 떨어뜨리자, 예수님은 베드로를 향해 "네 칼을 도로 칼집에 꽂으라 칼을 가지는 자는 다 칼로 망하느니라"(마 26:52)고 말씀하셨다. 그리고 "너는 내가 내 아버지께 구하여 지금 열두 군단 더 되는 천사를 보내시게 할 수 없는 줄로 아느냐? 내가 만일 그렇게 하면 이런 일이 있으리라 한 성경이 어떻게 이루어지겠느냐?"(마 26:53-54)라고 말씀하셨다.

이처럼 예수님은 성경의 말씀을 이루기 위해 그 권위 앞에 순종하셨다.

성경에는 예수님만큼 성경의 권위를 높이고, 그 앞에 순종한 사람은 없었다. 자녀가 아버지의 권위를 얼마나 인정하는가는 얼마나 순종하는가를 보면 알 수 있다. 성경을 하나님의 말씀으로 인정한다면 우리는 그 권위 앞에 순종해야 한다.

스위스 바젤 대학의 라인홀드 베른하르트[Reinhold Bernhardt] 교수는 성경의 권위는 이론적인 것이 아니라 실천적인 것이라고 말했다. 그래서 "성경은 읽는 사람에게 용기를 주고, 삶을 바꾸고, 변화시켜 고통받는 세상을 위해 헌신하도록 만든다"고 말했다.

그렇다. 성경은 도덕책이 아니다. 우리의 삶을 새롭게 바꾸고, 말씀대로 순종할 때 능력이 되는 책이다. 그래서 링컨 대통령도 "하나님이 내게 주신 최고의 선물은 성경"이라고 말했다. 그는 매일 아침 성경을 묵상했고, 그 말씀을 통해서 삶의 지혜를 얻었다고 한다.

미국의 33대 트루먼 대통령은 은퇴 후 고향 미주리 주에 기념관을 짓고, 아이들과 어울리며 지냈다. 한번은 도서관을 찾아온 아이들로부터 이런 질문을 받았다. "대통령 아저씨는 제 나이 때에 어떤 아이였어요? 항상 1등만 하고 반장만 하셨지요?" 그때 트루먼 대통령은 그 아이의 어깨 위에 손을 얹고 말했다. "아니란다. 나는 지금의 너보다 훨씬 형편없었단다. 친구들이 소리를 지르면 겁이 나서 떨었고, 운동도 못해서 사람 구실을 제대로 하지 못할까 봐 걱정이 많았단다." 그러자 그 아이가 고개를 갸우뚱거리며 다시 물었다. "그런데 어떻게 대통령이 되었나요?" 그러자 트루먼 대통령은 이렇게 말했다. "나를 용기 있게 하고, 나를 강하게 하며, 나를 쓸모 있게 한 것은 바로 성경책이었단다. 성경책이 나를 강하고 쓸모 있는 사람으로 만들었단다."

〈생명의 삶〉 묵상 에세이에서 "가장 좋은 선물, 말씀"이라는 제목의 글을 읽은 적이 있다. 교회의 한 형제가 동물병원을 개

원했는데 손님이 오지 않아 몹시 불안해하고 걱정하는 모습을 보고, 목사님께서 세상적인 방법을 구하지 말고 성경 말씀을 읽도록 권면했다고 한다. 그때부터 병원이 안정되기 시작했고, 살아 있는 말씀을 경험한 그 형제는 말씀 앞에 머무는 시간이 늘었으며, 말씀을 대하는 태도가 달라졌다는 것이다. 그는 자기주장이 강한 사람이었는데 삶이 변화되기 시작했다는 것이다. 그것은 성경의 권위 앞에 순종했기 때문이다.

우리는 예수님처럼, 트루먼 대통령처럼, 동물병원을 개업한 한 성도처럼 성경의 권위 앞에 순종하는 사람이 되어야 한다.

핵심 2

# 하나님, 예배의 대상

영국의 찰스 스펄전 목사는 이런 말을 했다. "당신은 자신의 슬픔을 잊으려 하는가? 그렇다면 당신 자신을 하나님의 가장 깊은 바다에 빠뜨려 보라. 그의 무한하심 속에 빠져 보라. 그러면 당신은 휴식의 침상에서 원기를 되찾고, 다시 힘이 넘쳐 일어나게 될 것이다."

하나님은 깊고, 무한한 분이시다. '만경창파'萬頃蒼波라는 말이 있다. '만 이랑의 푸른 물결'이라는 의미로 한없이 넓고 푸른 바다를 뜻한다. 스펄전 목사는 이러한 "하나님의 넓고 깊은 바다에 우리 자신을 한번 빠뜨려 보라"고 말했다. 그러면 휴식의 침상에서 원기를 되찾고, 다시 일어나게 될 것이라고 말했다. 스펄전 목사에게 있어서 하나님은 이런 분이셨다.

역대상 29장을 보면, 다윗은 아들 솔로몬에게 왕권을 이양하고, 성전 건축을 위한 준비를 모두 마친 후에 온 회중들 앞에서 하나님 여호와를 찬양했다. 이때에 다윗은 하나님을 어떤 분이라고 고백했는가?

## 만물의 주인이시다

"여호와여 위대하심과 권능과 영광과 승리와 위엄이 다 주께 속하였사오니 천지에 있는 것이 다 주의 것이로소이다 여호와여 주권도 주께 속하였사오니 주는 높으사 만물의 머리이심이니이다"(대상 29:11).

다윗은 "다 주께 속하였사오니", "다 주의 것이로소이다"라고 찬양했다. 이것은 만물이 다 하나님의 것이라는 뜻이다. 다윗은 위대하심과 권능과 영광과 승리와 위엄이 다 하나님의 것이고, 천지에 있는 모든 것과 주권도 하나님의 것이라고 말했다.

다윗이 이렇게 고백한 때가 언제였는가? 왕으로서 모든 것을 가졌을 때였다. 그가 부요할 때였다. 그때에 자기의 소유가 모두 하나님의 것이라고 고백했다.

욥도 이렇게 고백했다.

"주신 이도 여호와시요 거두신 이도 여호와시오니 여호와의 이름이 찬송을 받으실지니이다"(욥 1:21).

욥은 원래 부자였다. 그런데 하루아침에 도둑들에게 재산을 모두 빼앗기고 말았다. 그때에 이렇게 고백했다.

우리도 이와 같이 고백할 수 있어야 한다. 하늘과 땅에 있는 모든 것이 하나님의 것이고, 자연과 사람도 모두 하나님의 것이다. 내 가족도 하나님의 것이고, 내 자녀도 하나님의 것이며, 내가 가진 돈과 재산도 다 하나님의 것이다. 이렇게 고백할 수 있어야 한다.

사람은 태어날 때에 두 손을 꽉 쥐지만 죽을 때는 두 손을 편다. 가진 모든 것을 내려놓고 천국으로 간다. 그러기에 성도는 울면서 태어났지만 웃으면서 죽을 수 있어야 한다. 이것이 하나님을 아는 신앙이다. 그렇지 않고 끝까지 붙잡으려고 하면 비참해지고 만다. 만물은 내 것이 아니라 하나님의 것이기 때문이다.

그렇다면 무엇을 가지고 증명할 수 있는가?

다윗은 하나님이 그에게 주신 것들을 정직한 마음으로 드렸고, 자원하여 드림으로 하나님이 만물의 주인이심을 증명했다(대상 29:17). 우리도 이와 같이 증명할 수 있어야 한다.

만물의 주인이 하나님이심을 인정한다면 물질뿐만 아니라 가진 모든 것을 하나님께 드릴 수 있다. 우리의 마음도 드리고, 시간도 드리고, 재물도 드리고, 재능도 기쁘게 드릴 수 있다. 이것이 만물의 주인이 하나님임을 인정하는 모습이다.

## 만물의 통치자이시다

"부와 귀가 주께로 말미암고 또 주는 만물의 주재가 되사 손에 권세와 능력이 있사오니 모든 사람을 크게 하심과 강하게 하심이 주의 손에 있나이다"(대상 29:12).

다윗은 "만물의 주재가 되사 손에 권세와 능력이 있사오니"라고 고백했다. 11절에도 보면 "만물의 머리이심이니이다"라고 고백하고 있다. 이것은 만물의 통치자가 하나님이시라는 뜻이다. 하나님은 만물의 통치자이시다.

### 1) 통치자이신 증거가 무엇인가?

**(1) 영원(永遠)**

시편 90편 2절을 보면, 모세는 "산이 생기기 전, 땅과 세계도 주께서 조성하시기 전 곧 영원부터 영원까지 주는 하나님이시니이다"라고 말했다.

기독교의 시간은 선으로, 불교의 시간은 원으로 표시한다. 선으로 표시하는 시간의 시작은 창조이고, 끝은 종말이다. 개인의 시간도 마찬가지이다. 시작은 출생이고, 끝은 죽음이다. 하나님은 시간 속에도 계시지만 시간 이전과 이후에도 영원까지 존재하신다. 그 누구에 의해 존재하는 것이 아니라 스스로 존재하시는 분이다. 하나님은 영원하시다.

**(2) 무소부재(無所不在)**

예레미야 23장 24절을 보면, 하나님은 "나는 천지에 충만하지 아니하냐?"라고 말씀하셨다. "충만하다"는 말은 '무소부재', 곧 '안 계신 곳이 없다'는 뜻이다. 그래서 우리가 은밀히 짓는 죄도 다 아시고, 우리의 억울함과 고통도 다 아신다. 하나님은 무소부재하신 분이다.

(3) 전능(全能)

예레미야 32장 27절을 보면, 하나님은 "내게 할 수 없는 일이 있겠느냐?"라고 말씀하셨다. 하나님은 무에서 유를 창조하신 분이다. 불가능한 것도 가능케 하고, 불완전한 것도 완전하게 하시는 분이다. 그래서 우리의 문제도 해결해 주신다. 우리에게 힘을 주시고, 우리를 보호해 주신다. 하나님은 전능하신 분이다.

(4) 불변(不變)

야고보서 1장 17절을 보면, 하나님은 "변함도 없으시고 회전하는 그림자도 없으시니라"고 하였다. "회전하는 그림자도 없다"는 말은 해의 그림자가 이동하는 것처럼 변하지 않으시는 분이라는 뜻이다. 하나님은 약속하신 것을 반드시 지키시는 분이다. 우리에 대한 사랑도 마찬가지이다. 변함이 없으시다. 세상은 변하고, 사람은 변해도 하나님은 변하지 않으신다.

(5) 전지(全知)

요한일서 3장 20절을 보면, 하나님은 모든 것을 아신다고 기록되어 있다. 이는 전지하시다는 의미이다. 그래서 하나님은 우리 마음의 고통을 아시고, 우리의 연약함과 부족함도 다 아신다. 하나님은 전지하신 분이다.

어떤 분이 목사님을 찾아와서 "하나님이 있다는 증거가 없기 때문에 믿지 않는다"라고 말했다. 그때 목사님이 물었다. "당신은 모든 것을 다 아십니까?" 그러자 "어떻게 모든 것을 다 알 수 있겠습니까?"라고 대답했다. 다시 목사님이 물었다. "그러면 당신이 10%만 안다면 당신이 모르는 90% 속에 하나님이 계시지 않는다고 말할 수 있겠습니까?" 그러자 아무 말 없이 돌아갔다고 한다.

우리가 90%를 알고 10%만 모르더라도 그 속에 하나님이 계실 수 있다. 우리가 알고 있는 것은 전부가 아니다. 우리는 하나님이 알게 해주신 것밖에는 아무것도 모른다. 이것을 가리켜 신학적으로 계시라고 말한다. 하나님이 나타내 보여주시는 것이다.

하나님은 어떻게 자기를 계시하시는가? 자연을 통하여, 사람들을 통하여 나타내 보여주셨다(롬 1:19-20). 그리고 가장 확실하게는 성경을 통해 자기를 계시해 주셨다. 그래서 성경말씀을 보면 하나님이 누구신지를 정확히 알 수 있다. 하나님은 영원하시고, 무소부재하시고, 전능하시고, 불변하시며, 전지하신 성품을 갖고 계신 분이다. 하나님은 이러한 성품으로 만물을 통치하고 계신다.

2) 만물을 어떻게 통치하시는가?

(1) 사랑으로 통치하신다.

예레미야 31장 3절을 보면, 하나님은 유다 백성들을 향해 "내가 영원한 사랑으로 너를 사랑하기에 인자함으로 너를 이끌었다"고 말씀하셨다. 하나님의 사랑은 영원한 사랑이다. 변함이 없으시고, 오래 참아 주시는 인자한 사랑이다. 우리의 죄악을 따라 벌하지 않으시고, 우리의 체질을 알기 때문에 불쌍히 여겨 주신다.

이 사랑이 어디에서 구체적으로 나타났는가? 예수님의 십자가이다. 예수님의 십자가는 하나님 사랑의 극치이다. 왜냐하면 우리 죄를 대속하기 위해 독생자를 십자가에 내어주셨기 때문이다.

(2) 공의로 통치하신다.

시편 37편 28절을 보면, 하나님은 정의를 사랑하시고 그의 성도들은 영원히 보호를 받지만 악인의 자손은 끊어질 것이라고 설명하고 있다. 하나님은 선한 자와 악한 자를 판단하시면서 악한 자는 심판하시고, 선한 자는 보호해 주신다.

이러한 공의가 어디에서 구체적으로 나타났는가? 예수님의 십자가이다. 십자가는 하나님의 사랑의 극치이기도 하지만 역설적으로 하나님께서 죄를 얼마나 미워하시는지 보여주는 공의의 현장이기도 했다.

이처럼 하나님은 만물을 사랑과 공의로 통치하신다.

그런데 하나님의 사랑만 생각하면 그 사랑을 핑계 삼아 죄를 범해도 두려워하지 않게 되기 쉽다. 반면에 하나님의 공의만 생각하면 용서의 감격을 누리지 못하고, 율법적인 신앙에 빠지기 쉽다. 그래서 우리는 하나님의 사랑과 공의를 동시에 생각해야 한다.

신앙이 아주 좋은 집사님이 있었다. 그는 교회학교에서 아이들을 열심히 가르치기도 했는데, 그 덕분인지 사업도 잘되었다. 그러자 그는 점점 봉사하는 일에 소홀해졌고 결석도 잦아졌다. 목사님이 그에게 권면했지만 그는 일을 핑계로 목사님의 권면에 따르지 않았다. 오히려 예배에 출석하는 날보다 결석하는 날이 더 많아졌다.

그러던 어느 날 그가 출장을 갔을 때 집에 불이 나서 안타깝게도 그의 아내와 하나밖에 없는 아들이 그만 불에 타 죽고 말았다. 졸지에 두 개의 관을 놓고 장례를 치르게 된 비극적인 상황이 벌어진 것이다.

그때 목사님이 말했다. "집사님은 하나님을 원망할 수 있습니다. 그리고 하나님을 두려워할 수도 있습니다. 어느 편을 택하겠습니까?" 그러자 그 집사님이 한참 생각한 후에 이렇게 대답했다. "예, 하나님을 두려워하겠습니다."

다윗은 하나님이 만물의 주인이시고, 만물의 통치자이심을 고백한 후에 하나님께 감사했고, 하나님의 영화로운 이름을 찬양했다. 곧 하나님께 예배를 드렸다.

'예배'는 영어로 'Worship'이다. 이것은 'Worth'라는 단어와 'Ship'이라는 단어의 합성어로 '하나님의 가치$^{Worth}$에 맞게 하나님을 대한다'는 뜻을 가지고 있다.

예배는 하나님에 대한 최고의 반응이다. 예배하는 자는 최고의 반응으로써 예배해야 한다. 마음을 다하고, 정성을 다해야 한다. 왜냐하면 이것이 하나님을 아는 자의 합당한 태도이기 때문이다.

이제 우리는 하나님이 누구신지를 알고, 하나님에 대한 최고의 반응으로 예배하는 자가 되어야 한다.

핵심 3

# 예수님, 유일한 구원자

**어떤 집사님이** 세상을 떠나 하나님의 심판대 앞에 서는 꿈을 꾸었다. 그때에 하나님께서 말씀하셨다. "너는 항상 선을 행했는가?" 집사님이 자기가 살아온 날들을 돌이켜보니 그렇지 못했다. 그래서 떨리는 목소리로 "아닙니다"라고 대답했다. 그러자 하나님이 또다시 물으셨다. "너는 항상 의롭게 살았는가?" 역시 아니었다. 그래서 "아닙니다"라고 대답했다. 이번에는 "너는 항상 깨끗하게 살았는가?"라고 물으셨다. 계속되는 질문에 역시 아니어서 "그렇지도 못했습니다"라고 대답했다. 그리고는 어떤 벌이 주어질까 두려워 숨죽이고 있었는데, 갑자기 환한 빛이 자기의 몸을 감싸더라는 것이다.

놀라서 눈을 들어 보니 예수님이 곁에서 그를 껴안고는 하나님의 보좌를 올려다보며 "아버지, 이 사람은 항상 선을 행하지도 못했고, 의롭게 살지도 못했으며, 깨끗하게 살지도 못했습니다. 하지만 항상 저의 편에 서 있었습니다. 그러니 이곳에서는 제가 이 사람의 편에 서겠습니다"라고 말씀하셨다.

얼마나 감동적인 순간인가! 예수님은 이러한 분이시다.

예수님이 가이사랴 빌립보 지방에 이르렀을 때에 제자들에게 물으셨다. "사람들이 인자를 누구라 하느냐?" 제자들이 "더러는 세례 요한, 더러는 엘리야, 어떤 이는 예레미야나 선지자 중의 하나라고 합니다"라고 대답했다. 그러자 예수님이 제자들에게 "그러면 너희는 나를 누구라 하느냐?"라고 물으셨다. 예수님은 제자들에게 자신이 누구인지를 물으셨던 것이다.

그때에 시몬 베드로가 "주는 그리스도시요 살아 계신 하나님의 아들이십니다"라고 대답했다(마 16:16). 이 대답에 예수님께서 "네가 복이 있도다. 이를 네게 알게 한 이는 하늘에 계신 내 아버지시니라"고 말씀하셨다. 베드로가 대답을 잘했다는 뜻이다.

예수님은 누구인가?

그리스도이다. '그리스도'라는 말은 '하나님으로부터 기름 부음을 받고, 하나님의 일을 위해 보냄을 받은 사람'이라는 뜻으로 사람의 성품, 곧 인성을 가진 분이라는 의미이다. 또한 살아 계신 하나님의 아들이다. '하나님의 아들'이라는 말은 '하나님으로부터 보냄을 받은 분'이라는 뜻으로 하나님의 성품, 곧 신성을 가지신 분이라는 의미이다. 예수님은 한 인격에 신성과 인성을 가진 분이시다.

하나님이시면서 또한 사람이신 것은 이해하기 힘든 진리이지만 예수님이 누구인지 알면 전혀 문제가 되지 않는다.

요한복음 14장을 보면, 제자 빌립이 예수님께 말했다.

"주여, 아버지를 우리에게 보여주옵소서. 그리하면 족하겠나이다."

빌립은 "우리에게 하나님을 보여달라"고 말했다. 여기서 "우리"는 빌립과 그와 함께 있던 제자들을 말한다. 이들은 구약시대 하나님의 사람들과 선지자들이 하나님을 보았던 것처럼 자신들도 보기 원했다.

그 이유는 두 가지이다. 첫째는 예수님의 말씀을 깨닫지 못했기 때문이다. 둘째는 보아야만 믿는 신앙인이었기 때문이다.

우리는 어떠한가? 빌립처럼 무엇을 보아야만 믿는 사람은 아닌가?

기독교는 기적의 종교가 아니라 말씀의 종교이다. 기적이 없다거나 불필요하다는 말이 아니다. 신앙의 초보자들에게는 기적이 필요하다. 예수님도 사역 초기에는 많은 기적들을 행하셨다. 물로 포도주를 만들고, 병든 자를 고치고, 귀신을 쫓아내셨다. 오병이어의 기적과 바람과 파도를 잔잔케 하신 기적들을 행하셨다.

하지만 성숙한 신앙인에게는 기적이 별로 필요하지 않다. 왜냐하면 말씀을 보고도 믿을 수 있기 때문이다. 그래서 사역 후반부로 갈수록 예수님은 기적보다는 제자들을 가르치는 일에 집중하셨다.

초등학교 1학년 책에는 그림이 많고, 학년이 올라갈수록 글이 많다. 우리는 기적이 아니라 말씀을 보고도 믿을 수 있어야 한다. 그럴 때 신앙이 흔들리지 않는다.

예수님의 대답은 무엇이었는가? 예수님은 자신이 누구인지 말씀하셨다.

## 예수님은 참 하나님이시다

"예수께서 이르시되 빌립아 내가 이렇게 오래 너희와 함께 있으되 네가 나를 알지 못하느냐 나를 본 자는 아버지를 보았거늘 어찌하여 아버지를 보이라 하느냐"(요 14:9).

예수님께서 빌립에게 말씀하셨다.

"내가 오랫동안 너희와 함께 있는데도 너는 아직도 나를 알지 못하느냐?"

이것은 다른 제자들도 마찬가지였다.

신앙은 연수가 아니라 정도이다. '얼마 동안 신앙생활 했느냐'가 아니라 '얼마나 예수님을 알고 믿느냐'가 중요한 것이다. 모태신앙보다 더 좋은 것은 예수님을 알고, 예수님의 신실한 제자로서 살아가는 것이다.

그런데 빌립은 예수님을 알지 못했다. 예수님은 빌립에게 무엇이라고 말씀하셨는가?

"나를 본 자는 아버지를 보았거늘 어찌하여 아버지를 보이라 하느냐?"

자신이 누구인지 말씀하셨다. 예수님은 곧 하나님이시다. 하나님과 동일한 분이심을 말씀하셨다. 그 증거가 무엇인가?

1) 말씀으로 증명하셨다

예수님은 "내가 아버지 안에 거하고 아버지는 내 안에 계신 것을 네가 믿지 아니하느냐"(요 14:10) 하시며, 자신이 곧 하나님이심을 직접 말씀하셨다. 또한 이 말은 "스스로 하는 것이 아니라 아버지께서 내 안에 계셔서 그의 일을 하시는 것"이라고 말씀하셨다. 예수님은 말씀으로 자신이 하나님이심을 증명하셨다.

2) 행한 일들로 증명하셨다

예수님은 "그렇지 못하겠거든 행하는 그 일로 말미암아 나를 믿으라"(요 14:11)고 말씀하셨다. 여기서 "그렇지 못하겠거든"이라는 말은 '내 말을 믿지 못하겠거든'이라는 뜻이다. 그러므로 내가 행하는 그 일들로 말미암아 믿으라고 말씀하신 것이다.

예수님이 행하신 일은 무엇인가?

중풍병자에게 "작은 자야, 네 죄 사함을 받았느니라"(마 9:2)고 말씀하셨고, 죄 사함을 선언하셨다. 또한 오병이어의 기적을 행하셨고, 물 위로 걸으셨고, 죽은 나사로를 살리셨다. 이러한 것들은 하나님만이 하실 수 있는 일이다. 이외에도 예수님은 사람으로서는 할 수 없는 많은 일을 행하셨다. 예수님은 행한 일로 하나님이심을 증명하셨다.

만약 예수님께서 하나님이 아니시라면 어떻게 되었겠는가? 우리의 구원자가 되실 수 없다. 왜냐하면 죄를 대신하려면 죄가 없어야 하기 때문이다(히 4:15). 그러므로 오직 예수님만이 유일한 구원자이시다.

## 예수님은 참 사람이시다

"오히려 자기를 비워 종의 형체를 가지사 사람들과 같이 되셨고"
(빌 2:7).

하나님이셨던 예수님은 자기를 비우셨다. "비웠다"는 것은 자기의 권리나 특권을 포기하고, 종의 형체를 가졌다는 뜻이다. "종의 형체를 가지셨다"는 것은 종의 모습을 취했다는 말이 아니라 낮아지셨다는 말이며, 낮아지셔서 사람들과 같이 되셨다는 뜻이다. 그리고 "사람들과 같이 되셨다"는 것은 죄의 본성을 제외한 모든 면에서 사람들과 같이 되셨다는 말이며, 이것은 참 사람이 되셨다는 뜻이다.

또한 히브리서 2장 14절을 보면, 예수님은 "혈과 육을 함께 지니셨다"고 설명하고 있고, 17절에서는 "범사에 형제들과 같이 되셨다"고 기록되었다.

이외에도 예수님이 참 사람인 증거가 많다. 예수님은 죽은 나사로의 무덤 앞에서 눈물을 흘리셨다. 또한 예루살렘 성전에 올라가셨을 때 성전이 장사꾼의 소굴이 된 것을 보고 분노하시면서 그들을 다 쫓아내셨다. 그리고 사역으로 피곤하셨던 예수님은 제자들과 함께 배를 타고 가실 때 깊은 잠에 빠지셨다. 이러한 증거들을 보면 예수님은 참 사람이셨다.

만약 예수님이 참 사람이 아니셨다면 우리의 구원자가 되실 수 없다. 왜냐하면 죄인 된 우리 죄를 대속하기 위해 우리와 같은 사람이어야만 했기 때문이다. 만약 예수님이 하나님이기만 하셨다면 죽으실 수가 없다. 히브리서 9장 22절을 보면, "율법을 따라 거의 모든 물건이 피로써 정결하게 되나니 피 흘림이 없은즉 사함이 없느니라"고 기록되어 있다. 죽을 수 없다면 우리 죄를 대속하실 수 없고, 우리 죄를 대속하실 수 없다면 예수님은 우리의 구원자가 되실 수 없다. 예수님은 참 사람으로서 유일한 구원자가 되셨다.

## 예수님은 유일한 구원자이시다

그 이유는 예수님이 참 하나님이시고, 참 사람이시기 때문이다. 세상에 이런 존재는 없다. 예수님만이 유일하시다.

우물 안에 많은 개구리가 살고 있었다. 그들 가운데는 지혜로운 개구리도 있었고, 미련한 개구리도 있었다. 지혜로운 개구리는 우물물이 언젠가는 마른다는 사실을 아는 개구리들이었고, 미련한 개구리들은 그것을 전혀 모르는 개구리들이었다. 그래서 지혜로운 개구리들은 기회가 되면 우물 밖으로 빠져나가려고 애를 썼다. 하지만 미련한 개구리들은 그냥 우물 안에서 즐기고만 있었다.

그런데 지혜로운 개구리들에게 기회가 찾아왔다. 바로 두레박이 내려온 것이다. 지혜로운 개구리들은 두레박 안으로 뛰어 들어가기도 하고, 두레박에 매달리기도 했다. 드디어 두레박이 올라가기 시작했다. 우물 밖으로 나가는 순간이었다. 그때에 지혜로운 개구리들은 신이 나서 개굴개굴 노래를 불렀다. 마침내 지혜로운 개구리들은 우물 밖으로 나가게 되었고, 새로운 세상을 경험하게 되었다. 우물 안과는 전혀 다른 세상이었다. 높은 산과 강이 있고, 넓은 바다도 있었다. 얼마나 아름다운지 감탄했다.

이것은 우리들의 이야기이다.

우물 안은 이 세상을 말한다. 언젠가 끝이 있다. 이것을 아는 사람은 지혜로운 사람이고, 알지 못하는 사람은 미련한 사람이다. 그래서 지혜로운 사람은 우물 밖으로 나가기 위해 기회를 찾는다. 그런데 이들에게 기회가 왔다. 그것은 두레박과 같은 예수님이시다. 하나님이셨던 예수님이 사람의 몸을 입고 이 세상에 오신 것이다. 그래서 예수님에게 뛰어 들어가고 예수님을 붙잡는다. 드디어 우물 밖으로 나가기 시작한다. 그때에 지혜로운 사람들은 신이 나서 할렐루야 찬송을 부른다. 우물 밖의 세상, 곧 천국에 도착한 지혜로운 사람들은 새로운 경험을 하게 된다. 천국은 이 세상과 비교할 수 없을 만큼 아름다운 곳이기 때문이다.

우리가 천국에 갈 수 있는 방법은 무엇인가? 두레박과 같은 예수님을 믿는 것이다. 예수님께 나를 맡기고, 예수님을 붙잡는 것이다.

예수님은 "내가 곧 길이요 진리요 생명이니 나로 말미암지 않고는 아버지께로 올 자가 없느니라"(요 14:6)고 말씀하셨다. 예수님은 스스로 자신밖에는 구원의 길이 없음을 선언하셨다.

또한 사도 베드로도 "다른 이로써는 구원을 받을 수 없나니 천하 사람 중에 구원을 받을 만한 다른 이름을 우리에게 주신 일이 없음이라"(행 4:12)고 말했다. 베드로는 성령이 충만하여 관리들과 장로들에게 예수님만이 유일한 구원자이심을 선포했다.

소위 지식인이라고 하는 사람들 중에는 어떤 종교를 믿어도 구원을 받을 수 있다고 주장하는 사람들이 있다(종교다원주의). 길이 다른 것이지 목적지는 같다는 것이다. 그래서 예수님만이 구원자라고 주장하는 것은 독선주의이고, 관용이 없는 것이라고 비난한다. 이것에 어떻게 대답할 수 있는가?

2+2=4인데, 5라고 말하면 이것은 상식적으로 받아들일 수 없다. 그런데 5라고 하는 것에 동의하지 않는다고 독선주의라고 말하고, 관용이 없다고 말한다면 받아들일 수 있겠는가? 결코 그럴 수 없다. 왜냐하면 이것은 상식일 뿐 진리가 아니

기 때문이다. 진리는 예수님밖에 없다. 예수님을 믿어야 구원을 얻을 수 있다.

미국 텍사스에서 석유 사업으로 큰 부자가 된 세 친구가 있었다. 존 뉴턴과 루이 워더포드, 그리고 새뮤얼 프레스턴이다. 이들은 억만장자가 된 후에 뉴욕으로 휴가를 떠났다. 최고급 호텔 29층에 예약을 하고, 뉴욕 거리를 다니며 밤늦게까지 술을 마셨다.

잔뜩 취해서 호텔로 돌아왔는데 엘리베이터가 고장 나 있었다. 호텔 직원은 연신 사과하면서 수리될 때까지 2층 방에서 쉬고 있으면 고치는 즉시 알려 주겠다고 말했다. 그러나 술기운에 객기가 발동한 이들은 29층까지 걸어 올라갔다. 죽을힘을 다해 29층까지 올라갔는데, 가장 중요한 것을 가지고 오지 않았던 것이다. 바로 방 열쇠였다. 다시 1층까지 내려갈 생각을 하니 까마득했다.

그때 마침 구세주가 등장했다. 마스터키를 손에 든 청소부 아주머니였던 것이다. 그녀가 웃으며 그들에게 말했다. "29층까지 올라오시느라 수고하셨습니다. 그러나 이 마스터키가 없으면 방에 들어갈 수가 없지요. 이처럼 예수님은 천국 문을 여는 마스터키와 같은 분이시지요."

그런데 이 말이 세 친구의 가슴에 동시에 비수처럼 꽂혔다. 그날 이후로 그들은 예수님만이 그들의 허무한 인생을 구원해 주실 유일한 마스터키임을 깨닫고, 사업의 수익금을 모두 선교사역에 사용했다고 한다.

구원에는 다른 통로가 없다. 오직 예수님만이 유일한 구원자이시다. 이것을 알고, 믿음으로 온전한 구원에 이르는 신앙인이 되어야 한다.

핵심 4

# 삼위일체 하나님, 동일한 구원자

삼위일체 하나님에 대한 설명을 위해 "하나님은 몇 분인가?"라고 물으면, 대부분은 한 분이라고 대답한다. 그렇지 않다. 성부 하나님과 성자 하나님, 그리고 성령 하나님이 계신다. 그러면 하나님은 세 분인가? 아니다. 하나님은 한 분도 아니고, 세 분도 아니다. 하나님은 한 분이면서 세 분이고, 세 분이면서 한 분이다. 곧 삼위일체 하나님이다. 삼위일체라는 말은 성부, 성자, 성령 하나님이 한 본체이고 세 위격을 가졌다는 뜻이다. 하나님이라는 본체, 본질 substance은 하나이고, 성부, 성자, 성령이라는 위격person이 셋이신 분이다. 이해하기가 쉽지 않다.

삼위일체 하나님은 우리의 지식으로는 이해할 수 없다. 이것은 성경에서 가장 어려운 진리이다. 왜냐하면 '삼위일체'라는 단어가 성경에 나오지도 않고, 이것을 쉽게 설명할 수도 없기 때문이다. 그렇다고 몰라도 되는 것은 아니다. 우리가 완벽하게 이해할 수 없고 설명할 수는 없어도 삼위일체 하나님에 대한 교리는 명확히 알아야 한다. 이것은 성경에 계시된 진리이기 때문이다.

## 삼위일체 하나님의 근거(根據)는 무엇인가?

"하나님이 이르시되 우리의 형상을 따라 우리의 모양대로 우리가 사람을 만들고"(창 1:26).

"우리"라는 대명사는 하나님의 복수형으로 삼위일체 하나님을 증거하는 성경의 근거이다. 하나님은 말씀으로 세상을 창조하신 후에 흙으로 사람을 만드셨다. 그때에 성부와 성자와 성령 하나님이 완벽히 협력하셨다.

창세기 1장 1절을 보면 "태초에 하나님이 천지를 창조하시니라"고 말씀하였다. 여기서 하나님은 히브리어로 '엘로힘'(אלהים)이라고 말한다. 이 단어는 하나님의 장엄함을 나타내는 표현으로 '엘'(אל, 하나님)의 복수 형태이다. 이것을 보면, 창조사역은 삼위일체 하나님이 함께하신 사역이다.

또한 마태복음 3장 16-17절에도 보면, 성자 예수님이 요단강에서 요한에게 세례를 받으실 때 하늘이 열리고 보혜사 성령님이 비둘기같이 임하셨다. 동시에 하늘로부터 성부 하나님의 소리가 있어 "이는 내 사랑하는 아들이요 내 기뻐하는 자라"고 말씀하였다. 구원사역은 삼위일체 하나님이 함께하신 사역이었다.

그리고 마태복음 28장 19-20절에도 보면, 예수님은 세상을 떠나기 전에 제자들에게 유언과 같은 말씀을 하셨다.

"너희는 가서 모든 민족을 제자로 삼아 아버지와 아들과 성령의 이름으로 세례를 베풀고 내가 너희에게 분부한 모든 것을 가르쳐 지키게 하라."

복음전도는 삼위일체 하나님이 함께하시는 사역이다. 이것이 삼위일체 하나님의 근거이다.
하나님은 한 분인가, 세 분인가? 삼위일체 하나님이시다. 이것을 부정하면 이단이다.

### 삼위일체 하나님의 사역(使役)은 무엇인가?

1) 선택(選擇)의 사역이다

"곧 창세 전에 그리스도 안에서 우리를 택하사 우리로 사랑 안에서 그 앞에 거룩하고 흠이 없게 하시려고"(엡 1:4).

성부 하나님은 우리를 구원하기 위해 선택하셨다. 또한 5절 말씀을 보면, 이것은 "그 기쁘신 뜻대로 우리를 예정하사"라고 설명하고 있다. 예정과 선택은 다르다. 예정은 구원의 전체 계획을 미리 결정하는 것을 뜻하고, 선택은 정해진 구원의 계획 속에서 대상을 구체적으로 선별하여 택하는 것을 뜻한다. 이처럼 성부 하나님은 우리를 "선택"하셨다.

언제 선택하셨는가? 창세 전에 '선택'하셨다. 세상을 창조하기 이전에 우리를 예정하시고 선택하셨다.

어떻게 선택하셨는가? 그리스도 안에서, 그의 기쁘신 뜻대로 우리를 선택하셨다.

그의 기쁘신 뜻은 무엇인가? 우리로 하여금 거룩하고 흠이 없도록 하기 위함이고, 또한 그의 은혜의 영광을 찬송하도록 하기 위한 것이다.

교회에 나온 지 얼마 되지 않은 성도에게 믿지 않는 한 친구가 물었다. "네가 이제 교회 다닌다면서?" 그렇다고 말했더니 "그러면 성경에 대해서 잘 알겠네. 어디 한번 물어볼까? 예수님이 결혼도 하지 않은 처녀의 몸에서 태어났다고 말하는데, 그것을 믿어? 그리고 예수님이 죽었다가 3일 만에 다시 살아났다는데 그것도 믿어?" 그때 이 성도가 잘 대답하지 못했다. 그러자 또 친구가 물었다. "그러면 삼위일체라는 말은 무슨 뜻이야?" 교회를 오래 다닌 성도들도 잘 모르는 것을 어떻게 알겠는가? 그래서 모른다고 했더니 "너는 교회를 다닌다고 하면서 그것도 모르고…아는 게 아무것도 없잖아?"라고 면박을 주었다.

그러자 그 성도가 이렇게 말했다. "그래, 네 말이 맞아. 난 아는 게 별로 없어. 그렇지만 이 사실 하나만은 분명히 알고 있어. 내가 3년 전에 교회를 다니지 않았을 때는 주정뱅이였고, 빚도 많이 졌고, 저녁에 내가 집에 오는 것을 가족들이 싫어했지만 지금은 달라졌어. 술도 끊었고, 빚도 다 갚았고, 우리 가정은 참으로 화목해졌어. 저녁마다 아이들은 목이 빠져라 나를 기다리고 있거든. 이게 내가 예수님을 믿은 후에 달라진 것들이야. 또한 내가 지독한 죄인인데도 불구하고 하나님은 나를 사랑하신다는 것을 내가 알고 있지."

로마서 8장 29-30절 말씀을 보면, 창세 전에 하나님은 우리를 미리 아셨고, 미리 아신 우리를 정하시고, 정하신 우리를 또한 부르시고, 부르신 우리를 또한 의롭다 하시고, 의롭다 하신 우리를 또한 영화롭게 하셨다고 말한다.

이것을 보면 우리의 구원은 결코 우연이 아니다. 하나님이 사랑 안에서 우리를 선택해 주신 결과이다.

하나님의 사랑은 높고 깊은 사랑이며, 한없이 넓고 영원한 사랑이다. 절대로 변하지 않는 사랑이고, 회전하는 그림자도 없는 사랑이다. 성부 하나님은 이러한 사랑으로 우리를 선택하여 구원해 주셨다.

### 2) 속량(贖良)의 사역이다

"우리는 그리스도 안에서 그의 은혜의 풍성함을 따라 그의 피로 말미암아 속량 곧 죄 사함을 받았느니라"(엡 1:7).

성자 예수님은 우리를 구원하기 위해 속량해 주셨다. "속량"이라는 말은 '몸값을 받고 종을 놓아주어 양민이 되게 한다'는 뜻이다. 이 몸값을 속전이라고 말하는데 이것은 종들이 자유를 얻거나 혹은 죄수들이 사면받기 위해서 지불하는 돈을 말한다. 요즘 말로 보석금과 같은 것이다.

예수님은 죄의 종이 된 우리를 그의 피로 속량해 주셨다.

예수님은 원래 하나님이셨다. 하나님이셨던 예수님이 사람의 몸을 입으시고 이 땅에 오셔서 3년의 공생애 기간 동안 온갖 고난과 고통을 받으신 후에 십자가에 달리셔서 물과 피를 다 흘리고 죽으셨다. 이러한 속량으로 우리가 죄 사함을 받았다.

멕시코 어느 마을에 병든 어머니를 모시고 사는 마음이 착한 소녀가 있었다. 어느 날 한 유명한 의사가 찾아와 말했다. "어머니의 병을 고치는 좋은 약초가 있단다. 그것을 구해 오면 병을 쉽게 치료할 수 있지." 그래서 소녀는 명의가 일러준 약초를 찾아 깊은 산속으로 들어갔다. 추위와 허기에 지친 소녀는 나무 밑에서 쉬고 있는데, 그때에 절벽을 바라보니 바로 그 명의가 말한 하얀 꽃이 피어 있었다. 소녀는 서둘러 절벽을 오르다가 그만 추락하고 말았다. 그때에 소녀는 하나님께 기도했다. "하나님, 제가 엄마의 병을 고쳐야 해요. 저를 살려 주세요."

그 순간, 천사가 나타나 소녀에게 피 묻은 약초를 건네주었고, 소녀의 상처가 깨끗이 나았다. 동시에 절벽의 하얀 꽃이 소녀의 피로 붉게 물들었다. 이 꽃이 바로 겨울에도 잎이 빨갛게 물들어 있는 '포인세티아'이다. 바로 예수님의 탄생을 축하하는 성탄절의 꽃이다.

예수님은 아무 흠이 없는 흰 꽃 같은 분이시다. 그런데 우리 죄를 속량하기 위해 십자가에서 피를 흘리심으로 붉은 꽃이 되셨다. 성자 예수님은 그의 속량으로 우리를 구원해 주셨다.

### 3) 인(印)치심의 사역이다

> "그 안에서 너희도 진리의 말씀 곧 너희의 구원의 복음을 듣고 그 안에서 또한 믿어 약속의 성령으로 인치심을 받았으니"(엡 1:13).

보혜사 성령은 우리를 구원하기 위해 무엇을 하셨는가?

(1) 진리의 말씀, 곧 복음을 듣고 믿게 하셨다.

복음을 듣고 믿는 것은 성령의 사역이다. 아무리 학문적으로 뛰어난 지식을 가졌고, 여러 번에 걸쳐 성경을 읽었다고 하더라도 성령이 역사하시지 않으면 복음을 들을 수 없고, 들었다고 하더라도 깨닫지 못한다. 왜냐하면 이것은 성령의 사역이기 때문이다.

(2) 인(印)을 쳐 주셨다.

인은 도장을 말하는데, 인을 친다는 것은 소유권에 대한 법적인 표식을 남기는 것이다. 그래서 성령으로 인치심을 받았다는 말은 하나님의 소유가 되었다는 내적인 증거이다. 이 증거로 말미암아 우리는 하나님의 소유가 되었고, 하나님은 우리의 보호자가 되셨다.

이외에도 보혜사 성령님의 사역은 많다. 우리가 믿는 것과 우리를 위로해 주시는 것도 성령의 사역이다. 우리가 성령의 열매를 맺는 삶도 성령의 사역이고, 복음을 전하는 일도 성령의 사역이다. 그러나 가장 대표적인 사역은 인치심의 사역이다. 보혜사 성령은 인치심으로 우리를 구원해 주셨다.

어떤 아버지가 장난감 자동차를 직접 만들기 시작했다. 어린 두 아들과 함께 네모난 통나무를 줄 톱으로 정교하게 자르고, 자른 것을 붙이며, 긴 시간 동안 애쓴 결과 멋진 장난감 자동차가 탄생했다. 그러자 잘 만들어진 장난감 자동차를 보고는 두 아들이 크게 기뻐했다. 아버지 역시 기뻤다. 왜냐하면 혼자서도 만들 수 있었지만 두 아들과 함께 만든 것이었기 때문이다.

삼위일체 하나님은 동일한 구원자이시다. 동일한 구원자이신 하나님이 우리를 구원해 주신 것은 영광을 받기 위함이었다(엡 1:14). 아무런 가치 없는 존재인 우리를 삼위일체 하나님이 이렇게 구원해 주셨다. 얼마나 감사한 일인가!

**핵심 5**

# 인간, 타락한 존재

∙ ∙

인간에 대한 설명을 위해 "여러분은 죄인입니까, 아니면 의인입니까?"라고 물으면, 대부분은 죄인이라고 대답한다. 왜냐하면 부족함과 연약함을 누구보다 자신이 잘 알고 있기 때문이다.

리차드 범브란트Richard Wumbrand 목사가 하루는 레스토랑에서 식사하다가 우연히 옆에 앉은 한 외국인 남자와 동석하게 되었다. 그러자 자신의 신분을 밝히고 "혹시 교회에 다니느냐?"라고 물었다. 그러자 그가 "제 아내는 영국 성공회 교인이었고, 저는 천주교 집안에서 자랐지만 지금은 다니지 않고 있습니다"고 대답했다. 그래서 범브란트 목사가 그 이유를 물었더니 그가 말했다. "목사님에게 말씀드리긴 좀 그렇지만 교회 안에는 위선자들이 너무 많습니다. 어려서부터 정말 많이 봐왔어요. 그래서 아내와 저는 교회에 다니지 않기로 결정했습니다." 이 말을 듣고 범브란트 목사는 미소를 지으며 이렇게 말했다. "그렇군요. 하지만 저는 그 이유 때문에 교회에 나갑니다. 저 같은 죄인들이 많아서 마음이 편하고 좋거든

요. 교회 안에 죄가 없는 사람들만 있다면 저도 나가지 못할 것 같습니다."

우리는 죄인이다. 물론 하나님의 선택과 예수님의 속량으로 말미암아 의인이 되었지만 여전히 죄 가운데 살고 있다.

창세기 2장을 보면, 하나님께서 아담과 하와를 만드신 후에 그들을 에덴동산에 두셨다. 그리고 그들로 하여금 동산을 경작하며 지키게 하시고, 아담에게 명하여 이르시기를, "동산에 있는 각종 나무의 열매는 네가 임의로 먹되, 선악을 알게 하는 나무의 열매는 먹지 말라. 네가 먹는 날에는 반드시 죽으리라"고 하셨다(창 2:16-17). 그것은 '말씀에 순종하며 살라'는 뜻이다.

하나님은 우리가 말씀에 순종하며 살기를 원하신다. 왜냐하면 순종은 신앙생활의 기본이기 때문이다.

아담과 하와는 순종했는가? 창세기 3장을 보면, 에덴동산에는 아담과 하와도 있었지만 뱀도 있었다. 당시에 뱀은 아주 간교했고, 사람과도 대화할 수 있었다. 이러한 뱀이 하와에게 접근하여 그를 유혹한 것은 철저히 계획적이었다. 왜냐하면 아담은 선악을 알게 하는 나무 열매를 따 먹지 말라는 하나님의 명령을 직접 들었지만 하와는 아담을 통해서 들었기 때문이다. 누군가를 통해서 들은 말씀은 직접 들은 말씀과 같지 않다.

그러므로 말씀은 직접 들어야 한다. 교회에 나와서 말씀을 들어야 한다. 직접 듣지 않으면 사탄이 틈탄다. 우리의 삶도 마찬가지이다. 직접 듣지 않고 '누가 카더라'는 말만 들으면 사탄이 틈탈 수 있다. 어떤 사람이 길 가다 돌부리에 걸려 넘어졌는데, 돌아온 이야기는 죽었다고 한다. 그러므로 하나님의 말씀은 직접 들어야 한다.

하와에게 접근한 뱀은 무엇이라고 했는가?

뱀은 하와의 심리를 교묘히 이용하여 질문했다. "참으로 너희에게 동산 모든 나무의 열매를 먹지 말라 하시더냐?"(1절) 하와는 "참으로"라는 말에서 흔들렸다. 직접 듣지 않으면 확신 있게 대답할 수 없다. 그때에 하와는 "먹지도 말고 만지지도 말라, 너희가 죽을까 하노라 하셨다"라고 대답했다(3절). 하와는 하나님의 말씀을 그대로 전하지 않고 각색하여 대답했다. 하나님은 "먹지 말라"고만 하셨지, "만지지도 말라"고는 하지 않으셨다. "반드시 죽으리라"고 하셨지, "죽을까 하노라"고 말하지 않으셨다.

하와는 하나님의 말씀에 덧붙였고, 그 말씀을 약화시켰다. 이것은 이단들의 주특기이다. 이단들은 덧붙이고 빼고, 심지어 자기들의 논리에 짜 맞추기도 한다. 그러나 하나님의 말씀은 일점일획이라도 더하거나 뺄 수 없다. 그렇게 하면 반드시 문제가 생긴다.

하와의 대답에 뱀은 무엇이라고 말했는가? 오히려 뱀이 확신 있게 말했다. "너희가 결코 죽지 아니하리라. 너희가 그것을 먹는 날에는 너희 눈이 밝아져 하나님과 같이 될 것이라"(4-5절).

이 말을 듣고, 하와가 선악을 알게 하는 나무의 열매를 보니 먹음직도 하고, 보암직도 하고, 지혜롭게 할 만큼 탐스럽게 보였다. 그래서 그만 따 먹고 말았다. 그리고 그의 남편에게도 주었다.

아담과 하와는 하나님의 말씀에 불순종했다. 아담은 하나님의 말씀을 직접 듣고도 하나님의 명령보다 하와의 말을 더 신뢰했다. 말씀을 직접 듣는 것도 중요하지만 들었으면 반드시 순종해야 한다. 그 누구의 말도 들으면 안 된다. 말씀에 순종하면 구원받고, 영생을 얻는다.

불순종의 결과는 무엇인가?

불순종한 아담과 하와는 에덴동산에서 쫓겨났다. 땅으로부터 저주를 받아 평생 동안 수고해야 그 소산을 먹게 되었고, 죽어 흙으로 돌아가게 되었다. 이것이 불순종의 결과였다. 곧 삼중적인 죽음이다.

첫째는 영적인 죽음이다(엡 2:1). 이것은 하나님과의 단절을 말한다. 둘째는 육체적인 죽음이다(히 9:27). 이것은 영과 육의 분리됨을 말한다. 셋째는 영원한 죽음이다(히 9:27). 이것은 하나님과 영원히 끊어져 심판을 받게 되는 것을 말한다. 불순종의 결과는 무섭다.

문제는 아담의 불순종의 죄가 그에게서 끝나지 않았다.

로마서 5장 12절을 보면, "아담 한 사람으로 말미암아 죄가 세상에 들어오고 죄로 말미암아 사망이 들어왔나니 이와 같이 모든 사람이 죄를 지었으므로 사망이 모든 사람에게 이르렸느니라"고 기록되어 있다.

아담 한 사람 때문에 모든 사람이 구제불능의 인간이 되었다. 온갖 죄를 짓고, 타락된 존재가 되고 말았다.

어느 정도 타락되었는가?

## 모든 인간이 타락되었다

"기록된 바 의인은 없나니 하나도 없으며"(롬 3:10).

"의인"은 사람의 기준에서 본 의를 말하는 것이 아니라 하나님의 기준에서 본 의를 말한다. 올바른 도덕관을 갖고 그 원리에 따르는 자가 아니라 하나님의 은혜를 입고, 하나님과 동행하는 자를 말한다. 이러한 의인이 없다는 말이다. 왜냐하면 모든 인간은 아담의 부패된 본성을 가지고 태어난 타락된 존재이기 때문이다.

여기에 그 누구도 예외가 없다. 심지어 갓 태어난 아이에게도 죄의 본성이 있다. 그래서 유아세례를 받는 것이다.

유대인 역사가 요세푸스$^{Flavius\ Josephus}$에 의하면, 노아의 아들들은 홍수 이후에 또다시 홍수가 나지 않을까 하는 두려움 때문에 높은 곳에 집을 짓고 살았다고 한다. 그러나 세월이 흘러도 홍수가 나지 않자, 서서히 평야 지대로 내려오기 시작했다. 마침내는 홍수와 하나님에 대한 두려움이 사라지고, 오히려 하나님께 대항하는 바벨탑을 쌓았다고 한다.

인간의 내면에는 뿌리 깊은 죄의 본성이 있다. 내면 깊은 곳에 미움과 시기, 욕심과 온갖 더러운 것들이 존재하고 있다. 바울은 말했다.

"그런즉 선 줄로 생각하는 자는 넘어질까 조심하라"(고전 10:12).

## 선(善)을 행하는 자가 하나도 없다

"다 치우쳐 함께 무익하게 되고 선을 행하는 자는 없나니 하나도 없도다"(롬 3:12).

"선"은 사람들이 보기에 어려운 사람들을 돕는 구제와 봉사활동을 말하는 것이 아니다. 하나님이 보시기에 착한 일을 말한다. 이것은 하나님이 사람을 만드신 그 목적대로 사는 것을 뜻한다.

하나님이 사람을 만드실 때 그의 형상대로, 곧 선하게 만드셨다. 이것은 악이 없는 상태를 말한다. 오직 하나님만 의지하고, 하나님만 바라보며, 영광을 돌리는 존재이다. 그래서 하나님은 이렇게 사람을 만드신 후에 "매우 좋다"고 말씀하셨다.

그런데 선을 행하는 자는 하나도 없다고 말씀하셨다.

민수기 13장을 보면, 이스라엘 백성들의 지도자 모세가 가데스바네아에서 열두 명의 정탐꾼을 가나안 땅으로 보내어 40일 동안 정탐하게 했다. 그런 후에 그들이 돌아와 보고할 때에 열 명의 정탐꾼들은 부정적인 보고를 했다. 그 이유는 하나님을 전적으로 의지하지 못했고, 약속의 말씀을 믿지 못했기 때문이다. 믿음이 없으면 보이는 것이 부정적으로 느껴지지만, 믿음이 있으면 긍정적으로 느껴진다. 여호수아와 갈렙이 그랬다.

우리는 믿음이 있는가? 오직 하나님만 의지하고, 하나님만 바라보고 있는가? 바울은 말했다.

> "우리가 선을 행하되 낙심하지 말지니 포기하지 아니하면 때가 이르매 거두리라"(갈 6:9).

## 영과 육이 완전히 타락하였다

> "그들의 목구멍은 열린 무덤이요 그 혀로는 속임을 일삼으며 그 입술에는 독사의 독이 있고 그 입에는 저주와 악독이 가득하고 그 발은 피 흘리는 데 빠른지라"(롬 3:13-15).

죄악은 목구멍과 혀, 입술과 입을 통해 나온다. 목구멍은 열린 무덤이라고 말했다. 이것은 온갖 더러운 것을 토해낸다는 뜻이다. 혀는 사람을 속이고, 입술은 독사의 독처럼 사람을 죽인다. 입은 저주와 악독이 가득하고, 발은 피 흘리는 데 빠르다고 말했다. 이것은 남을 망가뜨려 자기의 탐욕을 채운다는 뜻이다. 인간은 영과 육이 완전히 타락된 존재이다.

살다 보면 미치도록 화가 나고, 죽이고 싶을 만큼 미울 때가 있다. 속에서 치밀어 오르는 분노로 욕을 하고, 격한 저주의 말을 내뱉을 때가 있다. 성도가 이래도 되는가? 그러면 왜 안 되는가?

예수님은 고라신과 벳새다 사람들과 서기관과 바리새인들에게 저주를 선포하셨다. 사도 바울도 다른 복음을 전하는 자들을 향해 저주했다. 시편의 말씀에도 '저주의 시'가 39편이나 된다.

저주의 말은 분노를 해소할 수 있는 하나의 방편이 될 수 있다. 그러나 반드시 기억해야 할 것이 있다. 저주는 사람에게 하는 것이 아니라 기도 속에 담아 하나님께만 할 수 있다. 에베소서 4장 29절을 보면 "무릇 더러운 말은 너희 입 밖에도 내지 말고 오직 덕을 세우는 데 소용되는 대로 선한 말을 하여 듣는 자들에게 은혜를 끼치게 하라"고 기록되어 있다.

요즘에 일어나는 살인사건들을 보면 얼마나 끔찍한가! 이것은 영과 육이 완전히 타락했기 때문이다.

## 하나님을 두려워하지도 않는다

"그들의 눈 앞에 하나님을 두려워함이 없느니라"(롬 3:18).

'암'이 무서운 이유가 무엇인가? 초기에 암이 있다는 사실을 인식하지 못하다가 몸이 느낄 때는 이미 제거할 수 없을 정도로 몸 전체에 퍼진 상태가 되어 버리기 때문이다.

인간에게는 이런 암과 같은 위험이 또 있다. 그것은 하나님을 두려워하지 않는 것이다. 그러면 죄악이 온몸에 퍼지는 상태가 되어 버린다. 성경을 보면, 노아 시대 사람들이 그러했고, 소돔과 고모라성 사람들이 그러했다. 결국 이들은 모두 멸망하고 말았다.

이처럼 모든 인간은 타락했다. 선을 행하는 자도 없고, 영과 육이 완전히 타락하였다. 하나님을 두려워하지도 않는다.

그런데 놀랍게도 하나님은 이러한 인간을 버리지 않으셨다. 높고 큰 사랑으로 우리를 구원해 주셨다. 그 은혜를 생각하면 얼마나 감사한지 모른다. 그저 감사의 눈물만 흐를 뿐이다.

핵심 6

# 복음, 예수님의 죽음

**예수님의 죽음은** 비참한 사건이었지만 영원한 심판을 받을 수밖에 없는 우리 인간에게는 복음, 곧 기쁜 소식이었다. 왜냐하면 예수님은 죽으셨지만 대신 우리가 살게 되었기 때문이다.

영국 성공회 성서신학자인 톰 라이트$^{Nicholas\ T.\ Wright}$ 주교는 그가 쓴 《이것이 복음이다》라는 책에서 "1세기에 유대인들은 새로운 출애굽을 기대했다"라고 말했다. 또한 "하나님이 애굽의 강력한 통치를 무너뜨리고, 그의 백성을 해방시켜 시내산을 지나 약속의 땅으로 직접 인도하셨던 것처럼 그들은 하루속히 로마의 통치에서 해방되기를 고대했다"라고 말했다. 그런데 그들에게 온 것은 예수님이었다는 것이다. 1세기에 유대인들은 예수님을 복음으로 받아들이지 않았다.

미국의 개혁주의 신학자인 마이클 호튼$^{Michael\ Horton}$ 교수는 "그리스도가 없는 기독교를 경계해야 된다"라고 말했다. 왜냐하면 지금 미국에서 부흥하고 있는 대부분의 교회들은 행복과 형통과 성공에만 집중하고, 어떤 교회는 환경보호와 평화와 정의에만 가치를 두고 있기 때문이라고 말했다. 또한 성도들은 복음에 관심을 갖고, 믿음과 신앙적 교리를 중요시하기보다는 개인의 감정과 경험을 중요시하고, 자신의 유익에만 초점을 맞추고 있다고 말했다. 그래서 지금 미국 교회는 그리스도가 실종되었다고 비판했다.

어느 목사님의 장례식이 진행되는 동안 한 번도 예수님이라는 단어가 나오지 않았다. 설교 내용에도 없었고, 추모사에도 없었다. 생전에 고인이 행했던 업적만 줄줄이 나열되었다. 그는 하나님의 선택으로 예수님을 믿게 되었고, 성령의 능력으로 맡겨진 사명을 잘 감당했다는 얘기는 들을 수가 없었다. 이것은 타락이며, 영적인 재앙이다.

오늘날 기독교가 침체된 원인이 어디에 있는가? 외부에 있지 않고, 본질에 충실하지 못한 교회 안에 있다. 교회는 복음에 충실해야 한다.

마태복음 27장을 보면, 예수님의 죽음이 실제로 있었던 역사적 사실임을 기록하고 있다. 그중에 몇 가지를 보면, 총독 빌라도의 심문을 받으셨고, 군병들에 의해 온갖 고난과 조롱을 당하셨으며, 십자가를 지고 골고다 언덕으로 올라가셨다. 그때에 군병들이 쓸개 탄 포도주를 마시게 했지만 예수님은 거절하셨고, 마침내 예수님을 십자가에 못 박아 매달았다. 십자가 위에는 "유대인의 왕, 예수"라는 죄패가 붙었다. 그런 후에 예수님의 옷은 제비뽑아 나누어졌고, 군병들이 그곳을 지켰다. 이 기록을 보면, 예수님의 죽음은 역사적 사실이었다.

그런데 십자가의 죽음은 매우 처절한 사형법이었다. 왜냐하면 십자가에 매달려 길게는 일주일 이상 피를 말리는 육체적 고통과 싸워야 했고, 온갖 수치와 조롱으로 정신적 고통까지 당해야만 했기 때문이다. 그래서 이것은 일반적인 사형법이 아니라 노예나 식민지 백성 가운데 반란을 일으킨 주동자를 처단할 때에만 사용되었다.

이러한 십자가에서 예수님이 죽으셨다. 그 이유는 육체의 생명은 피에 있고, 피가 죄를 속하기 때문이었다(레 17:11). 또한 피 흘림이 없으면 사함도 없기 때문이었다(히 9:22).

예수님은 십자가에서 죽음으로 우리를 속량하셨다.

어떻게 속량하셨는가?

## 구약의 제사는 불완전한 것이었다

### 1) 매년 드렸다

"율법은 장차 올 좋은 일의 그림자일 뿐이요 참 형상이 아니므로 해마다 늘 드리는 같은 제사로는 나아오는 자들을 언제나 온전하게 할 수 없느니라"(히 10:1).

레위기에 보면, 옛 언약인 율법에는 다섯 가지 제사법, 곧 번제와 소제, 화목제와 속죄제, 그리고 속건제를 통하여 그 백성들을 거룩하게 하도록 하였다. 특히, 해마다 대속죄일에는 짐승을 희생의 제물로 잡아 백성의 죄를 정결하게 하는 제사를 드리게 했다. 그러나 그 효력은 영원하지 않았다. 일시적이었고, 외적인 죄만 정결하게 할 뿐이었다.

이것은 율법의 불완전함을 드러낸 것이다. 율법은 장차 올 좋은 일의 그림자일 뿐이지 참 형상이 아니다.

구약의 제사는 불완전한 것이었다. 그럼에도 불구하고, 제사를 드리라고 한 이유는 제사가 죄를 기억하도록 하는 것이기 때문이었다(히 10:3). 제사가 불완전한 것이지만 매년 드릴 때마다 죄를 기억하고, 일시적이고 외적인 죄라도 정결하게 하고, 거룩하게 살도록 하기 위함이었다. 우리는 매일 거룩하게 살아야 한다.

### 2) 짐승의 피로 드렸다

"이는 황소와 염소의 피가 능히 죄를 없이하지 못함이라"(히 10:4).

구약시대에는 소와 양과 염소의 피로 제사를 드렸다. 레위기 4장을 보면 '속죄제'에 관한 규례가 나온다. 속죄제는 제사 드리는 자가 제물을 회막문 앞으로 끌고 와서 그 머리에 안수하고, 그것을 여호와 앞에서 직접 잡았다. 이것은 자신이 죽는다는 것을 뜻한다. 그런 후에 제사장이 손가락으로 피를 찍어 성소의 휘장에 뿌리고, 향단 뿔에 바르고, 나머지는 번제단 밑에 쏟아 부었다.

그러나 이러한 제사는 "능히 죄를 없이하지 못함이라"고 말씀하고 있다. 짐승의 피로 드리는 구약의 제사는 불완전한 것이라는 말이다. 이것은 예수님의 죽음을 보여주는 상징적인 유형에 불과하다.

## 예수님의 죽음은 완전한 것이었다

### 1) 단번에 드리셨다

"이 뜻을 따라 예수 그리스도의 몸을 단번에 드리심으로 말미암아 우리가 거룩함을 얻었노라"(히 10:10).

예수님은 자신의 몸을 십자가에 단번에 드리셨다. "단번에"라는 말은 유일회적인 사건으로, 하나님의 뜻에 대한 완전한 순종과 완전한 속량을 이루셨다는 뜻이다. "드렸다"는 말은 아무런 효력이 없는 짐승의 피와는 비교도 안 되는 완전한 죽음으로 드리셨다는 뜻이다.

이처럼 예수님은 단번에 제사를 드림으로 우리를 완전히 속량하셨다. 죄인에서 의인이 되게 하셨다. 본질이 달라지게 하셨다. 걸레와 같은 존재에서 행주와 같은 존재로 변화되게 해주셨다. 그러나 우리는 여전히 죄 가운데 있기 때문에 죄를 범하며 산다. 그래서 우리는 지은 죄를 회개해야 한다. 그러면 정결하고 거룩한 모습으로 다시 회복될 수 있다.

### 2) 영원한 제사로 드리셨다

"오직 그리스도는 죄를 위하여 한 영원한 제사를 드리시고 하나님 우편에 앉으사"(히 10:12).

예수님은 우리 죄를 위해 한 영원한 제사를 드리셨다. "한 영원한 제사"라는 말은 한 번에 영원한 제사를 드렸다는 뜻이다. 예수님은 한 번의 죽음으로 우리 죄를 영원히 정결하게 하셨다. 우리를 영원한 구원에 이르게 하셨다. 비록 우리가 죄를 범했다고 할지라도 하나님의 선택과 예수님의 속량으로 구원받은 존재이기에 우리는 절대 버림을 당하지 않는다.

### 3) 온전하게 하셨다

"그가 거룩하게 된 자들을 한 번의 제사로 영원히 온전하게 하셨느니라"(히 10:14).

헬라어 원문을 보면, 14절 앞에 '가르'(γάρ)라는 단어가 있다. 이것은 '왜냐하면'이라는 뜻으로 10절과 12절에 대한 결과를 설명하는 접속사이다.

10절 말씀에서 예수님은 자신의 몸을 단번에 드리셨다. 그 결과로 거룩하게 된 자들, 곧 성도들을 완전히 속량하셨다. 또한 12절 말씀에서 예수님은 영원한 제사를 드리셨다. 그 결과로 우리를 완전히 속량하여 온전하게 하셨다.

앞 장에서 우리는 모든 인간이 타락한 존재임을 확인했다. 아담의 죄의 본성을 가지고 태어난 존재로 영원히 심판을 받고 멸망 받을 수밖에 없는 존재임을 깨달았다. 그런데 이러한 우리를 하나님이 선택해 주셨고, 예수님이 십자가에서 물과 피를 다 쏟으셨다. 단 한 번의 죽음과 영원한 제사로 우리를 온전하게 하신 것이다. 이로써 우리가 구원을 받았고, 믿음을 통하여 거룩한 자가 되었다. 이 엄청난 은혜가 믿어지는가?

예수님의 십자가는 하나님의 가장 큰 사랑의 표현이다. 사도 바울은 로마서 5장 8절 말씀에서 "우리가 아직 죄인 되었을 때에 그리스도께서 우리를 위하여 죽으심으로 하나님께서 우리에 대한 자기의 사랑을 확증하셨느니라"고 설명했다. 예수님의 죽음은 우리에 대한 하나님의 사랑을 확증하신 것이다. 이 사랑을 생각할 때에 우리는 감격하지 않을 수 없다.

어느 날 서재에서 혼자 흐느끼며 울고 있는 찰스 스펄전 목사를 본 사모님이 물었다. "여보, 왜 울고 있어요?" 그때에 스펄전 목사가 대답했다. "내가 십자가를 생각해도 더 이상 눈물이 나지 않아."

우리는 울어야 한다. 십자가를 생각하며 울든지, 아니면 십자가를 보고도 눈물이 나지 않는 나 자신을 바라보며 울든지 해야 한다. 왜냐하면 십자가의 감격이 없으면 하나님의 은혜를 모르는 사람이기 때문이다. 20년 전만 해도 성찬식을 행하면 성전 곳곳에서 흐느끼며 눈물을 흘리는 분들을 볼 수 있었다. 그런데 지금은 그렇지 않다. 눈물이 말랐다.

십자가의 감격이 없다. 십자가의 감격이 넘치면 하나님을 사랑하고, 자신을 사랑한다. 다른 사람도 사랑한다. 하나님의 말씀에 순종도 하게 된다. 늘 감사하며 산다. 고통 가운데서도 하나님의 도우심을 확신한다. 매일 인격과 삶에 변화를 이루어 간다.

예수님의 죽음은 복음이다. 우리는 이 복음에 감격하고, 구원의 복음을 전해야 한다.

핵심 7

# 복음, 예수님의 부활

복음이라는 말은 헬라어로 '유앙겔리온'(εὐαγγέλιον), 좋은 소식 혹은 기쁜 소식이라는 뜻이다. 영어로는 'Good news'로 고대 영어 'Gospel'에서 파생된 단어이다. 이러한 복음은 예수님 당시에 주로 로마제국에서 쓰였는데, 그것은 전투에서 승리했다는 소식이었다. 그 후에 이러한 복음이 기독교인들에게 사용되면서부터 예수님의 구원사역과 관련된 일련의 모든 사건을 의미하는 것으로 바뀌었다. 곧 이 땅에 예수님이 오신 것과 예수님의 가르침이 복음이었고, 예수님의 삶과 죽음, 그리고 부활이 복음이었다. 그러나 역시 복음 중에서도 복음은 예수님의 죽음과 부활이다.

이것은 기독교 신앙의 가장 핵심적인 부분이다. 왜냐하면 아담의 부패된 본성에 따라 태어난 인간이 타락함으로 영원한 심판과 멸망을 받을 수밖에 없었지만, 하나님의 선택적 사랑과 예수님의 속량으로 말미암아 구원을 받았기 때문이다.

예수님의 속량은 단번의 죽음과 영원하고 온전한 희생제물이 되심으로 이루어졌다. 여기에는 말로 표현할 수 없는 모진 고통과 견딜 수 없는 조롱과 모욕, 그리고 아픔이 더해졌다. 예수님께서는 이것을 감당하시고 십자가에서 죽으셨다.

그런데 놀랍게도 예수님은 죽음으로 끝나지 않고, 3일 만에 다시 살아나셨다. 예수님이 부활하셨다. 이것을 믿는가? 만일 예수님의 부활이 거짓이라면 성경의 진리는 한순간에 다 무너지고 만다. 성경에는 부활에 대해 여러 번 반복하여 증거들을 제공하고 있다.

고린도전서 15장도 이러한 부활의 증거를 보여준다. 사도 바울은 고린도에 있는 성도들이 예수님의 부활에 대한 신앙이 흔들리고 있음을 알았다. 그래서 그들에게 확고한 믿음을 갖도록 증언했다.

## 부활을 어떻게 증언했는가?

**1) 성경대로 다시 살아나셨다**

"장사 지낸 바 되셨다가 성경대로 사흘 만에 다시 살아나사"(고전 15:4).

사도 바울은 예수님의 죽음이 그러했듯이, 부활도 예언된 말씀이 성취된 것이라고 증언했다. 여기서 "성경대로"라는 말은 우연한 사건이 아니라 하나님의 계획과 섭리 가운데 이루어진 사실임을 말하고, "사흘 만에"라는 말은 오늘이나 내일이 아니라는 말이다.

예수님은 서기관과 바리새인 중 몇 사람과 논쟁하시면서 선지자 요나의 사건을 대비시켜 요나가 밤낮 사흘 동안 큰 물고기 뱃속에 있었던 것같이 자신도 밤낮 사흘 동안 땅속에 있다가 다시 살아날 것을 분명히 말씀하셨다(마 12:39-40).

예수님은 성경대로 사흘 만에 다시 살아나셨다. 만약 예수님께서 살아나지 않으셨다면 성경은 거짓이고, 예수님의 속량으로 말미암아 구원받은 우리는 여전히 죄책감의 고통에서 벗어날 수 없을 것이다. 우리는 죄 용서함을 받고 구원은 받았지만 마음에는 참 평안과 자유를 누릴 수 없을 것이다. 왜냐하면 예수님이 죽었기 때문이다.

어떤 집에 불이 났는데, 출동한 소방관이 집 안에 갇힌 사람을 구조한 후에 그만 목숨을 잃고 말았다. 그때 구조받은 사람의 마음은 어떻겠는가? 그가 살기는 했지만 그로 인해 소방관이 죽었다는 죄책감으로 마음이 불편할 것이다. 그런데 병원에 실려 갔던 소방관이 기적적으로 다시 살아났다. 얼마나 기쁘고 감사한 일인가!

예수님의 부활이 이와 같다. 죽었던 예수님이 성경대로 사흘 만에 다시 살아나셨다.

### 2) 증인들에게 보이셨다

"게바에게 보이시고 후에 열두 제자에게와"(고전 15:5).

고린도전서 15장 5-8절을 보면 증인의 수는 얼마였는가? 부활한 예수님은 제자 중에서 제일 먼저 게바 곧 베드로에게 보이셨다. 그리고 열두 명의 제자들이 모인 곳에 나타나셨다. 또한 초대교회의 유력한 지도자 오백여 형제들에게도 보이셨고, 맨 나중에는 만삭 되지 못하여 난 자와 같은 바울에게도 보이셨다. 이들을 합하면 적어도 513명이나 된다.

그런데 이들은 모두 남자였다. 예수님의 부활을 목격한 여인들을 포함하면 그 숫자는 훨씬 더 많다.

그러면 바울은 여인들의 증거를 왜 생략했을까? 먼저는 통계자료에 어린아이와 여인의 수를 넣지 않는 것이 당시의 관례였기 때문이고, 또 하나는 여인들의 증거를 빼놓아도 부활의 진실을 변호하는 데 아무런 문제가 없다고 판단했기 때문일 것이다. 그 증거가 신명기 19장 15절 말씀이다. 이 말씀에 보면, 율법에서 어떤 사건의 진실 여부를 가리기 위해서는 두 증인의 입으로나 또는 세 증인의 입으로 그 사건을 확정할 것이라고 말했다.

그런데 바울이 밝힌 증인의 수는 무려 500명이 넘는다. 그럼에도 불구하고 예수님의 부활을 믿지 못한다면 그는 불신앙인이다. 에베소서 4장 18절을 보면, 이런 자는 총명이 어두워진 사람이고, 무지함과 마음이 굳어 하나님의 생명에서 떠나 있는 사람이라고 말했다.

예수님은 부활한 후에 많은 증인에게 나타내 보이셨다. 그러나 제자들은 부활을 믿지 못했다.

## 부활을 믿지 못하는 자들에게 어떻게 하셨는가?

### 1) 책망하셨다

"그 후에 열한 제자가 음식 먹을 때에 예수께서 그들에게 나타나사 그들의 믿음 없는 것과 마음이 완악한 것을 꾸짖으시니 이는 자기가 살아난 것을 본 자들의 말을 믿지 아니함일러라"(막 16:14).

예수님은 믿음 없고 마음이 완악한 제자들을 책망하셨다. 그 이유는 부활을 목격한 자들의 말을 믿지 않았기 때문이다. 막달라 마리아의 말도 믿지 않았고, 엠마오로 간 두 제자의 말도 믿지 않았다.
우리는 어떠한가? 우리도 믿지 못한다면 제자들처럼 책망받을 것이다.

### 2) 성경으로 증명하셨다

"이르시되 미련하고 선지자들이 말한 모든 것을 마음에 더디 믿는 자들이여 그리스도가 이런 고난을 받고 자기의 영광에 들어가야 할 것이 아니냐 하시고 이에 모세와 모든 선지자의 글로 시작하여 모든 성경에 쓴 바 자기에 관한 것을 자세히 설명하시니라"(눅 24:25-27).

예수님은 엠마오로 가던 두 제자에게 믿음 없는 것을 책망하시고 성경에 쓰인 부활에 관한 내용을 자세히 설명해 주셨다. 자신의 몸을 직접 보이시며 "내가 부활했다. 내 몸을 보라"고 말씀하지 않으시고, 성경말씀으로 풀어 주신 이유가 무엇이겠는가? 훨씬 쉬운 방법을 놔두고, 굳이 성경말씀으로 증명하신 이유가 무엇이겠는가? 부활신앙은 경험이 아니라 말씀에 의존할 때 믿을 수 있기 때문이다.

우리는 어떠한가? 반드시 눈으로 보아야만 믿고, 말씀으로는 믿지 못하는 사람은 아닌가? 믿음이란 초이성적이고, 초경험적인 영역이다. 믿음은 이해와 경험으로 해결되는 것이 아니다. 그래서 믿음이다.

## 부활이 준 복은 무엇인가?

### 1) 우리를 의롭게 하셨다

"예수는 우리가 범죄한 것 때문에 내줌이 되고 또한 우리를 의롭다 하시기 위하여 살아나셨느니라"(롬 4:25).

우리가 의롭게 된 것은 예수님이 다시 살아나셨기 때문이다. 이것이 우리에게 준 복이다.

## 2) 부활의 첫 열매가 되셨다

"그러나 이제 그리스도께서 죽은 자 가운데서 다시 살아나사 잠자는 자들의 첫 열매가 되셨도다 사망이 한 사람으로 말미암았으니 죽은 자의 부활도 한 사람으로 말미암는도다"(고전 15:20-21).

부활하신 예수님은 잠자는 자들의 첫 열매가 되셨다. "잠잔다"는 말은 죽었다는 것을 뜻하고, "첫 열매가 되셨다"는 말은 부활의 보증이 되었다는 뜻이다. 마치 벼 이삭 몇 개가 익기 시작하면 나머지도 익는 것처럼 예수님의 부활은 죽은 자들의 첫 열매가 되시고, 보증이 되신 것이다.

우리는 장례식에서도 찬송을 부른다. 육신은 흙으로 돌아가지만 예수님이 재림하실 때에는 신령한 몸으로 다시 살아날 것을 믿기 때문이다. 이 땅에서는 이별이지만 천국에서 다시 만날 것을 소망하기 때문이다.

## 3) 예수님이 내 안에 거하시게 되었다

"내가 그리스도와 함께 십자가에 못 박혔나니 그런즉 이제는 내가 사는 것이 아니요 오직 내 안에 그리스도께서 사시는 것이라 이제 내가 육체 가운데 사는 것은 나를 사랑하사 나를 위하여 자기 자신을 버리신 하나님의 아들을 믿는 믿음 안에서 사는 것이라"(갈 2:20).

부활하신 예수님은 하나님 보좌 우편에도 앉아 계시지만 지금 나와 함께 계신다. 이것을 생각하면 마음이 든든하다. 십자가에서 죽음으로 끝나지 않고, 다시 살아나셔서 하나님 보좌 우편에서 우리를 위해 중보기도하시고, 또한 영으로 우리 안에 와서 우리와 함께 계신다.

우리는 이러한 예수님의 부활을 믿고, 감사함으로 살아야 한다. 그리고 믿지 않는 자들에게 부활의 복음을 증거해야 한다. 어리석은 제자들과 같이 불신하지 말고, 확고한 믿음으로 담대히 복음을 전하는 성도가 되어야 한다.

**핵심 8**

# 성령, 약속대로 오신 분

예수님은 성경대로 사흘 만에 다시 살아나셨다. 그리고 40일 동안 많은 증인에게 친히 살아 계심을 나타내 보이시고, 그들에게 하나님 나라의 일을 말씀하셨다. 또한 사도들이 모인 곳에서 그들에게 "예루살렘을 떠나지 말고 내게서 들은 바 아버지께서 약속하신 것을 기다리라. 요한은 물로 세례를 베풀었으나 너희는 몇 날이 못 되어 성령으로 세례를 받으리라"고 말씀하셨다(행 1:4-5). 그 후에 그들이 보는 가운데 하늘로 승천하셨다.

그때에 예수님의 말씀을 들은 제자들과 따르는 무리는 예루살렘으로 돌아와 한 다락방에 올라갔다. 그곳에서 매일 약속을 붙잡고 기도하기를 힘썼다. 그러던 중에 성령이 임하시는 역사가 나타났다.

성령의 임재는 제자들과 무리의 삶을 바꾸는 놀라운 역사였다. 의심에서 믿음으로, 불순종에서 순종으로, 자기중심에서 예수 중심으로 바뀌었다. 이전까지는 예수님을 따르는 제자에 불과했지만 성령의 임재를 경험한 후부터는 복음을 전하는 사도로 변화되었다. 이것은 성령의 역사였다.

오늘날에도 마찬가지이다. 성령이 임하시면 이와 같이 변화된다.

## 성령은 어떻게 임하셨는가?

"오순절 날이 이미 이르매 그들이 다 같이 한 곳에 모였더니"(행 2:1).

### 1) 약속하신 대로 임하셨다

성령은 오순절에 임하셨다. 오순절은 유월절로부터 50일째 되는 날로 유대인들이 지키는 절기이다.

예수님은 유월절의 어린양이 되어 십자가에서 죽으셨고, 성경대로 사흘 만에 다시 살아나셨다. 그리고 40일 동안 허다한 증인에게 부활의 증거를 보여주신 후에 하늘로 승천하셨다. 그런 후 10일째, 곧 오순절에 성령이 다락방에 모인 제자들과 무리에게 임하셨다. 이것은 예수님이 말씀하신 대로 임하신 것이다. 누가복음 24장 49절을 보면, "내 아버지께서 약속하신 것을 너희에게 보내리니 너희는 위로부터 능력으로 입혀질 때까지 이 성에 머물라"고 말씀하셨다.

이 약속은 동일하게 우리에게도 주셨다. 사도행전 2장 38절을 보면, 사도 베드로는 "너희가 회개하여 각각 예수 그리스도의 이름으로 세례를 받고 죄 사함을 받으라. 그리하면 성령의 선물을 받으리라"고 말했다.

우리는 성령의 선물을 받아야 한다. 그러나 이것은 오순절의 것과는 다르다. 오순절과 동일한 체험이 아니라 동일한 임재를 말한다. 오순절에 임했던 표적이 아니라 감동과 내주하심을 말한다. 이와 같이 성령은 지금 우리에게도 임하신다.

이것을 가리켜 '성령세례'라고 말한다. 이것은 물세례와는 다르다. 물세례는 요한의 세례이고, 현재 우리가 받는 세례다. 이것은 회개하는 사람이 죄를 고백할 때 일생에 단 한 번만 받는 세례이다. 반면에 성령세례는 예수님을 믿을 때 단 한 번만 받는 세례이지만 계속해서 충만하게 채워져야 한다.

2) 한 곳에 모여 기도할 때에 임하셨다.

"한 곳"이란 사도행전 12장 12절에 "마가라 하는 요한의 어머니 마리아의 집에 가니"라고 기록된 말씀을 근거로 마가의 다락방이라고 추정한다.

이곳에 약 120명의 무리가 모여 기도할 때에 성령이 임했다. 성령은 모여 기도할 때에 임하신다.

### 어떤 표적이 나타났는가?

1) 바람 같은 소리가 있었다

"홀연히 하늘로부터 급하고 강한 바람 같은 소리가 있어 그들이 앉은 온 집에 가득하며"(행 2:2).

바람은 성령의 임재를 나타내는 징표이다. 왜냐하면 '바람'(πνοή)이라는 단어는 원어적으로 '성령'(πνεῦμα)이라는 단어와 깊은 연관성이 있기 때문이다. 그렇지만 동일하지는 않다. "바람 같은"이라는 말은 성령이 하늘로부터 급하고 강한 바람 같은 소리를 내며 임하셨다는 것을 뜻한다. 이것은 오순절에만 있었던 일이다.

오늘날에는 성령이 강하게 역사하시기도 하지만 때로는 조용히 임하시는 경우도 있다. 그것은 특별한 체험이 없는데도 지금 내가 예수님을 믿고 있는 것을 보면 알 수 있다. 내가 예수님을 믿는다는 것은 성령이 내 속에 임하셨다는 증거이기 때문이다.

### 2) 불의 혀처럼 갈라지는 것들이 나타났다

"마치 불의 혀처럼 갈라지는 것들이 그들에게 보여 각 사람 위에 하나씩 임하여 있더니"(행 2:3).

불의 혀는 성령의 임재를 나타내는 또 하나의 징표이다. 구약시대에 불은 하나님의 전능과 정결, 그리고 하나님의 심판을 상징하기도 한다. 불의 혀처럼 갈라지는 것들이 그들에게 보인 것은 성령이 강하게 임했다는 징표이다. 성령은 불의 혀처럼 각 사람들에게 강하게 임한다.

### 3) 다른 언어로 말했다

"그들이 다 성령의 충만함을 받고 성령이 말하게 하심을 따라 다른 언어들로 말하기를 시작하니라"(행 2:4).

모인 제자들과 무리는 성령의 충만함을 받았다. 그때에 놀라운 일이 일어났다. 그들이 성령이 말하게 하심에 따라 다른 언어들로 말하기 시작했다. 다른 언어는 우리가 알아들을 수 없는 '방언'이 아니라 '외국어'를 말한다. 사도행전 2장 5-11절을 보면, 그들은 15개 나라의 언어로 하나님의 큰일, 곧 예수님을 통해서 이루어진 구원의 사역들을 말하기 시작했다. 참으로 놀라운 역사였다. 이것은 성령의 임재로 나타난 역사였다.

창세기 11장을 보면, 사람들이 바벨탑을 쌓아 하나님과 대항하려 할 때에 하나님이 그들의 언어를 혼잡하게 하셨다. 그런데 사도행전 2장에서 성령의 임재로 흩어졌던 언어들을 다시 하나 되게 하셨다.

이런 역사가 지금도 나타나는가? 오순절의 역사는 하나님의 목적에 따라 이루어진 유일한 사건이다. 모든 민족을 구원하기 위한 하나님의 특별한 역사였다.

어느 선교사님이 나이 들어 선교현장에 갔는데, 힘들었던 것은 그곳의 문화에 적응하는 것이 아니었다. 비위에 맞지 않는 음식을 먹는 것도 아니었다. 가장 힘들었던 것은 그 나라의 언어를 습득하는 것이었다고 한다. 언어가 안 되면 선교할 수 없다. 그래서 열심히 기도하며 공부했는데, 어느 순간 그 나라 말로 설교를 할 수 있게 되었다고 한다. 그러면서 이것은 전적으로 "성령의 도우심이었다"라고 고백했다. 성령은 하나 되게 하시는 분이다.

우리가 복음을 전하는 것도 성령의 역사이다.

## 성령이 임하신 증거가 무엇인가?

### 1) 변화된다

"그들이 사도의 가르침을 받아 서로 교제하고 떡을 떼며 오로지 기도하기를 힘쓰니라"(행 2:42).

초대교회 성도들은 변화되었다. 그들은 사도의 가르침을 받고, 말씀을 배우는 일에 힘썼다. 서로 교제하고, 떡을 떼며, 기도하기를 힘썼다.

## 2) 복음을 전한다

"빌기를 다하매 모인 곳이 진동하더니 무리가 다 성령이 충만하여 담대히 하나님의 말씀을 전하니라"(행 4:31).

초대교회 성도들은 성령의 임재를 경험하고, 담대히 하나님의 말씀을 전했다. 이것은 성령의 임재와 충만함의 역사이다. 초대교회 사도들도 그러했다.

## 3) 성령의 열매를 맺는다

"오직 성령의 열매는 사랑과 희락과 화평과 오래 참음과 자비와 양선과 충성과 온유와 절제니 이 같은 것을 금지할 법이 없느니라" (갈 5:22-23).

성령의 열매는 9가지이다. 그러나 이것은 하나이다. 성도의 인격과 삶은 이와 같아야 한다.

핵심 9

# 거듭남(重生)

하나님 나라에 들어갈 사람은 거듭나지 않으면 안 된다.

'거듭나다'라는 말은 '영적으로 다시 태어난다'는 뜻으로 중생이라고도 말한다. 요한복음 1장 12절을 보면 예수님을 영접하고, 하나님의 자녀로 태어나는 것이라고 말했다. 13절에는 혈통으로나 육정으로나 사람의 뜻으로가 아닌 하나님께로부터 나는 것이라고도 말했다. 거듭남은 아래가 아닌 위로부터의 역사이다.

청년 시절에 부흥집회에서 말씀을 들을 때마다 늘 고민되는 것이 있었다. 그것은 '내가 거듭난 사람인가?' 하는 의문이었다. 강사 목사님의 설교가 끝나고 결단의 시간에 "예수 믿기로 작정하신 분은 그 자리에서 일어나십시오"라고 말할 때면 매번 혼란스러웠다. '내가 일어나야 하나? 말아야 하나?' 어떤 때는 일어나기도 했고, 어떤 때는 그냥 앉아 있기도 했다.

왜 이런 일이 일어난 것인가? 확신이 없었기 때문이다. 모태로부터 청년 시절까지 신앙생활을 했음에도 불구하고 거듭남의 확신이 없었다.

요한복음 3장은 거듭남의 중요성을 강조하고 있다. 1절을 보면, 바리새인 중에 니고데모라 하는 유대인이 있었는데, 그는 거듭나지 못했다.

## 왜 거듭나지 못했는가?

"그가 밤에 예수께 와서 이르되 랍비여 우리가 당신은 하나님께로부터 오신 선생인 줄 아나이다 하나님이 함께하시지 아니하시면 당신이 행하시는 이 표적을 아무도 할 수 없음이니이다"(요 3:2).

밤에 예수님을 찾아온 사람은 니고데모였다. 그는 종교 지도자였고, 당시의 종교의결기구였던 산헤드린 공회원이었다. 이러한 그가 예수님을 찾아온 이유는 두 가지였다.

**1) 표적을 보았기 때문이다**

요한복음 2장을 보면, 예수님은 갈릴리 가나 혼인 잔치 집에서 돌 항아리 여섯 개에 물을 채우라고 한 후에 그 물을 포도주로 만드셨다. 이것은 예수님이 행하신 첫 번째 표적이었고, 아무나 행할 수 없는 것이었다. 이것을 본 니고데모가 밤에 몰래 예수님을 찾아왔다. 니고데모가 예수님을 찾아왔던 이유는 표적을 보았기 때문이다.

그런데 11절을 보면, 이 표적을 본 후에 제자들은 예수님을 믿었다. 또한 23절에도 보면, 많은 사람이 예수님이 행하신 표적을 보고 믿었다. 그러나 니고데모는 예수님을 믿지 못했다. 보는 단계에서 믿음의 단계로 나아가지 못했다. 표적보다 더 중요한 것은 예수님을 믿는 것이다.

2) 예수님을 알지 못했기 때문이다

니고데모는 표적을 본 후에 예수님이 평범한 분이 아님을 직감했지만 정확히 어떤 분인지는 알지 못했다. 그 증거가 예수님을 찾아와 "랍비여"라고 부른 것이다. '랍비'는 당시 율법 교사를 부르는 호칭으로 '선생'이라는 뜻이다. 그런데 니고데모는 예수님을 선생 정도가 아니라 그 이상의 존재일 것이라고 생각했다. 마치 모세와 예레미야와 세례 요한처럼 하나님으로부터 보냄을 받은 자 중의 한 사람 정도로 생각했던 것이다. 이것은 예수님이 누구인지 정확히 알지 못했기 때문이다.

예수님을 찾아온 니고데모는 무엇이라고 말했는가?

"우리가 당신은 하나님께로부터 오신 선생인 줄 아나이다. 하나님이 함께하시지 아니하시면 당신이 행하시는 이 표적을 아무도 할 수 없음이니이다"(2절). 니고데모는 예수님이 누군지 알지 못했다. 그렇지만 보통의 존재는 아님을 짐작하였고, 하나님께로부터 보냄을 받은 메시아가 아닌지 확인하려고 물었다.

그러자 예수님은 "사람이 거듭나지 아니하면 하나님의 나라를 볼 수 없느니라"(3절)고 대답하셨다. 이것은 니고데모가 거듭나지 못했다는 말이다. 거듭남은 죄와 허물로 죽었던 우리가 성령, 혹은 말씀에 의해 새로운 피조물로 다시 태어나는 것(고후 5:17)을 말한다. 육에 속한 인간의 지, 정, 의를 개발하는 것이 아니라 근본적이며, 전인적인 변화를 의미한다.

보다 쉽게 말하면, 예수 그리스도를 영접하여 하나님의 자녀로 새롭게 태어나는 것을 뜻한다. 이것은 내 힘으로는 가능하지 않다. 오직 하나님의 역사이다. '거듭'이라는 말은 '다시'라는 의미도 있지만 원어로는 '위로부터'라는 의미가 있다. 즉 거듭남은 아래가 아닌 위로부터의 역사이다.

이처럼 니고데모는 거듭나지 못했다.

우리는 거듭난 사람인가? 성령이 임하신 분들은 "아멘"이라고 대답할 것이다. 그러나 아직도 확신이 없으면 기도해야 한다. 왜냐하면 거듭나지 아니하면 하나님의 나라를 볼 수 없기 때문이다.

## 어떻게 거듭날 수 있는가?

"예수께서 대답하시되 진실로 진실로 네게 이르노니 사람이 물과 성령으로 나지 아니하면 하나님의 나라에 들어갈 수 없느니라"(요 3:5).

니고데모는 거듭나지 못했다. 이것은 당연한 결과이다. 예수님을 알지 못했기 때문이다. 그래서 니고데모는 예수님께 거듭남에 대해서 다시 물었다. "사람이 늙으면 어떻게 다시 날 수 있습니까? 두 번째 모태에 들어갔다가 다시 날 수 있습니까?"(4절) 그때에 예수님은 "물과 성령으로 나지 아니하면 하나님의 나라에 들어갈 수 없다"고 대답하셨다.

여기서 물과 성령은 물세례와 성령세례를 말한다. 하지만 이것은 분리할 수 없다. 왜냐하면 물세례를 베풀 때에 성령도 함께 임하시기 때문이다. 예수님도 세례 요한에게 물세례를 받으실 때 성령님이 비둘기같이 임하는 경험을 했다.

이처럼 거듭남은 궁극적으로 영과 육에 모두 관련되어 있지만 영에 속한 일이라고 볼 수 있다. 왜냐하면 거듭남은 성령의 사역이고, 죽은 영에 대한 사역이기 때문이다. 그래서 약속대로 오신 성령이 우리에게 임하면 거듭난 사람이 된다.

그런데 영과 육이 혼돈에 빠지게 되면 영적 시스템은 다운이 되어 버린다. 마치 컴퓨터의 시스템이 다운되어 버리는 것과 같다. 그때는 아무리 키보드를 두드려도 꼼짝하지 않는다. 이런 때는 어떻게 해야 하는가? 재부팅 reboot 하면 된다. 우리의 영과 육의 회복도 마찬가지이다. 성령님으로 재부팅하면 된다. 그러면 영의 사람으로 거듭날 수 있다.

거듭남의 사건은 확실히 신비한 것이다. 왜냐하면 바람이 어디서 오며 어디로 가는지 알지 못하듯 거듭남은 무의식중에 일어나는 사건이기 때문이다. 물론 사도 바울처럼 극적인 체험을 하는 경우도 있다. 그러나 대부분의 거듭남은 우리가 의식할 수 있는 영역에 있지 않다. 영 속에서 일어나는 사역이기 때문이다. 그렇지만 바람에 흔들리는 나뭇가지를 보면 바람이 부는 것을 알 수 있듯이 우리가 거듭난 것을 분별할 수 있다. 하나님이 기뻐하시는 일을 행하고자 하는 마음이 생기고, 하나님이 기뻐하시지 않는 일을 행할 때에는 죄책감을 갖게 된다.

그러나 이런 것 중에 어떤 것도 완벽하게 거듭남을 증명할 수는 없다. 거듭남은 신비의 영역이다. 그럼에도 불구하고 가장 확실한 증거라고 말한다면 그것은 하나님의 말씀이고, 나의 신앙고백이다. 예수님은 "내가 진실로 진실로 너희에게 이르노니 내 말을 듣고 또 나 보내신 이를 믿는 자는 영생을 얻었고 심판에 이르지 아니하나니 사망에서 생명으로 옮겼느니라"(요 5:24)라고 말씀하셨다. 이 말씀을 근거로 볼 때 예수님을 믿는 사람은 이미 거듭난 사람이다.

그렇다고 해서 믿음이 먼저인 것은 아니다. 오히려 거듭남이 먼저이다. 그 예가 사도행전 16장 14절에 나오는 두아디라 시에 있는 자색 옷감장사 루디아의 이야기이다. 루디아가 바울이 전하는 하나님의 말씀을 듣고 있을 때 하나님께서 그 마음을 열어 바울의 말을 따르게 하셨다. 여기서 하나님이 그 마음을 여신 것은 거듭남의 역사이다. 이것을 보면, 하나님이 이미 루디아를 거듭나게 하셨기 때문에 그가 믿음으로 따르게 된 것임을 알 수 있다. 즉 거듭남의 역사가 먼저이고,

그다음이 믿음의 고백이다. 그러므로 우리의 믿음과 구원은 모두 하나님의 선물이요, 은혜이다. 너무나 크고 놀라운 은혜에 우리는 그저 감사할 뿐이다.

그뿐만 아니라 우리는 한 번 거듭나면 다시 거듭날 필요가 없다. 왜냐하면 거듭난 것이 썩어질 씨로 된 것이 아니라 썩지 아니할 씨, 곧 살아 있고 항상 있는 하나님의 말씀으로 되었기 때문이다(벧전 1:23). 즉 중간에 썩어서 다시 거듭나야 할 필요가 없는 것이다. 그래서 세상 끝 날까지 안전하다.

## 거듭남의 증거가 무엇인가?

### 1) 믿음과 소망과 사랑의 삶이다

"너희의 믿음의 역사와 사랑의 수고와 우리 주 예수 그리스도에 대한 소망의 인내를 우리 하나님 아버지 앞에서 끊임없이 기억함이니 하나님의 사랑하심을 받은 형제들아 너희를 택하심을 아노라"(살전 1:3-4).

데살로니가 교인들은 거듭난 자임에 틀림없었다. 그들 안에는 믿음의 역사와 사랑의 수고와 소망의 인내가 있었기 때문이다. 그러니 어떻게 그들을 거듭나지 않았다고 말할 수 있겠는가! 믿음의 역사는 믿음을 가지고 행하는 모든 일을 말하고, 사랑의 수고는 사랑으로 헌신하며 희생하는 삶을 말하며, 소망의 인내는 미래를 바라보고 흔들리지 않으며 인내하는 생활을 말한다. 데살로니가 교인들의 삶에는 이러한 거듭남의 증거가 나타났다.

사도 바울은 이러한 증거를 보고, 하나님이 선택하셨다고 말했다. 물론 행함은 하나님의 선택의 근거가 아니라 거듭남의 증거일 뿐이다. 그래서 거듭난 사람을 보면, 삶의 모습이 다르다. 표정도, 말하는 것도, 걸음걸이도 다르다. 품위가 있다. 품위는 사람이 갖추어야 할 기품과 위엄을 말한다. 거듭난 사람에게는 이러한 신앙적 품위가 나온다. 이것이 거듭남의 증거이다.

### 2) 믿는 자의 본이다

"그러므로 너희가 마게도냐와 아가야에 있는 모든 믿는 자의 본이 되었느니라"(살전 1:7).

데살로니가 교인들은 모든 믿는 자의 본이 되었다.

마게도냐와 아가야는 B.C. 146년 이후 헬라 지역에 있던 두 개의 거대한 도시로서 마게도냐의 수도는 데살로니가였고, 아가야의 수도는 고린도였다. 이 중에서도 데살로니가는 상업 중심 도시로서 그들의 신앙을 헬라 전 지역에 급속히 전파할 수 있는 지리적 조건을 갖추고 있었다.

그러나 이보다도 데살로니가 교인은 그들의 신앙을 다른 사람에게 부지런히 전하고, 삶의 본이 되었다. "본"에 해당하는 헬라어 튀폰(τύπον)은 '찍어서 생긴 표'라는 뜻이다. 이것은 똑같이 따르게 하는 것을 의미한다. 그래서 사도 바울은 "내가 그리스도를 본받는 자가 된 것같이 너희는 나를 본받는 자가 되라"(고전 11:1)고 말했다. 여기에 "본"도 같은 의미이다.

요즘 교회들마다 다음 세대를 걱정한다. 오래전부터 이미 예측된 상황이었는데, 최근에 몇 분의 장로님들과 함께 'D6 컨퍼런스'에 다녀왔다. 여기에서 자녀의 신앙교육은 가정에서부터 시작되어야 하고, 부모가 자녀의 영적 교사가 되어 자녀를 신앙의 제자로 삼아야 한다고 했다. 이를 위해 교회와 협력하는 방법 중의 하나가 가정예배이고, 또 하나는 다음 세대와 함께하는 세대통합예배라고 말했다. 이것은 부모가 신앙교육의 본이 되어야 한다는 것이다. 자녀에게 본이 되는 것은 거듭남의 증거이다.

### 3) 복음 전도이다

"주의 말씀이 너희에게로부터 마게도냐와 아가야에만 들릴 뿐 아니라 하나님을 향하는 너희 믿음의 소문이 각처에 퍼졌으므로 우리는 아무 말도 할 것이 없노라"(살전 1:8).

데살로니가 교인들은 주의 말씀, 곧 복음을 마게도냐와 아가야뿐 아니라 각처에 전했다. 그들은 바울을 통해 전해들은 복음을 다른 지역으로 전했다. 이것에 대해서는 더 이상 자랑할 필요가 없을 정도였다. 왜냐하면 데살로니가 교인들의 이러한 소문이 널리 퍼져 있었기 때문이다.

선교 역사를 되돌아보면, 복음을 받은 민족이나 국가가 다른 민족에게 복음을 전하지 않을 경우 하나님은 그 민족이나 국가를 쇠퇴시키거나 침입을 받게 해서 억지로라도 복음을 전하게 하셨다. 예를 들어, A.D. 313년에 기독교는 로마제국의 공식 종교가 되었다. 그런데 로마의 기독교는 예수 그리스도의 지상명령을 성취하기 위해 아무런 노력도 하지 않았다. 그것은 그들이 알프스 산맥을 너머 북유럽에 광활한 선교지가 있다는 사실을 몰랐기 때문이 아니었다. 그들은 찬바람을 맞아가면서 알프스 산맥을 넘기보다는 따뜻한 지중해 해변에서 안락하게 신앙생활을 하는 편이 훨씬 더 좋았기 때문에 예수님의 지상명령을 애써 외면했다. 그 결과 A.D. 410년 로마는 북쪽의 야만족인 비시고트족, 오스트로고트족, 반달족 등의 침략을 받았다.

기독교인들이 이교도들에게 선교하지 않았을 때 오히려 이교도들이 기독교 국가를 침입함으로써 복음이 흩어졌다. 비록 피동적이긴 하였지만 이로써 복음은 서유럽 전체로 전파되었다. 개인과 교회와 국가가 예수님의 지상명령을 간과하면 단순히 예수님의 명령을 따르지 않은 것으로 끝나는 것이 아니라, 하나님께서 촛대를 옮기신다는 사실을 명심해야 한다(계 2:5).

따라서 복음 전도는 누구나 감당해야 할 사명이다. 이것이 거듭남의 증거이기 때문이다.

핵심 10

# 믿음(信仰)

성경은 구속사적인 관점에서 기록되었다. 구속사는 창세 전부터 하나님의 예정에 따라 예수님의 죽음과 부활을 중심으로 타락된 인간을 구원하기 위한 모든 과정과 역사를 가리킨다.

성경은 이러한 구속사적인 관점에서 하나님이 누구시며, 예수님은 누구신지, 삼위일체 하나님은 어떤 분이신지 정확히 말씀하고 있다. 또한 타락한 인간을 구원하시기 위해 예수님이 죽으시고 부활하신 것과 하늘로 승천하신 후에 약속대로 마가의 다락방에 모인 제자들과 무리에게 성령님이 임하여 그들의 삶이 거듭난 것에 대해 말씀하고 있다.

거듭난 성도들은 모두 믿음의 사람들이다.

미국의 제16대 대통령 에이브러헴 링컨은 대통령 취임식에서 남북이 분단된 상황을 언급하며 이렇게 연설했다. "우리가 당하고 있는 여러 가지 난관을 극복해 나가려면 지혜와 애국심과 기독교 정신이 절대적으로 필요하지만 무엇보다도 필요한 것은 이 나라를 버리지 않고 끝까지 지켜 주실 하나님을 믿는 믿음입니다."

믿음은 우리에게도 꼭 필요한 것이다. 믿음이란 무엇인가?

## 마음으로 믿는 것이다

"네가 만일 네 입으로 예수를 주로 시인하며 또 하나님께서 그를 죽은 자 가운데서 살리신 것을 네 마음에 믿으면 구원을 받으리라"(롬 10:9).

바울은 로마 교회 성도들에게 믿음에 대해서 두 가지를 말했다.

첫째는 입으로 시인하는 것이다.

"시인한다"는 말은 어떤 사실이나 내용이 옳다고 인정하는 것이다. 즉, 예수님이 나의 주님이시고 나의 구주시라는 사실을 인정하는 것이다. 이것이 시인이다. 그런데 불행히도 성도 중에는 이것을 입으로 시인하지 않는 분들이 많다. 특히 직장생활이나 사회생활에서 그리스도인이라고 말하지 않는 성도들이 많다. 그 이유가 무엇인가? 우선은 예수님을 믿는 자로서 삶에 본이 될 자신이 없기 때문이다. 또한 '혹시 교회를 다닌다고 하면 괜한 불이익을 당하지는 않을까?' 하는 염려 때문일 수도 있다. 이외에도 여러 가지 이유가 있을 수 있다.

그러나 어쨌든 예수님을 믿는다고 입으로 시인하지 않으면 믿음의 사람이라고 말할 수는 없다. 그래서 13절을 보면 "누구든지 주의 이름을 부르는 자는 구원을 받으리라"고 말했다. 주의 이름을 부르는 자는 주님께 신앙을 고백하는 자를 말하고, 주님께뿐만 아니라 사람들에게도 시인하는 자를 말한다.

우리는 어떻게 해야 하는가? 입으로 시인하는 성도가 되어야 한다.

둘째는 마음으로 믿는 것이다.

"마음"은 감정이나 생각을 담아 두는 곳이다. 이러한 마음에 하나님이 예수님을 죽은 자 가운데서 살리신 것을 믿는 것이다. 즉, 예수님이 나의 주님이시고, 나의 구주시라는 사실을 믿는 것이다. 이것이 믿음이다. 그런데 불행히도 성도 중에는 마음으로 믿지 않는 분들이 있다. 습관적으로 입으로만 시인하는 성도들이 있다. 그들의 마음을 다 알 수는 없지만 말이나 행동을 보면 짐작할 수는 있다. 만약 그렇다고 한다면 신앙생활은 하나의 취미생활이나 다름없고, 마음을 수양하기 위한 또 하나의 방편에 불과하다. 그러면 안 된다.

우리는 어떻게 해야 하는가? 마음으로 믿는 성도가 되어야 한다.

참 믿음은 마음에 뿌리를 두고 있다. 우선은 마음으로 믿어야 하고, 그다음은 입으로 시인해야 한다. 이것이 참 믿음이다. 우리는 참 믿음을 가진 성도가 되어야 한다.

참 믿음은 어떻게 생기는 것인가?

로마서 10장 17절을 보면, "그러므로 믿음은 들음에서 나며 들음은 그리스도의 말씀으로 말미암았느니라"고 말하고 있다. 참 믿음은 들을 때 생기고, 들음은 그리스도의 말씀으로 말미암는다고 했다. 강단에서 선포되는 말씀을 들을 때 참 믿음이 생기고, 소그룹인 제자훈련이나 사역훈련, 그리고 목장예배를 통해서 말씀을 들을 때 믿음이 생긴다. 또한 매일 큐티 생활을 통해서 하나님이 주시는 큐사인의 말씀을 받을 때 믿음이 생긴다.

그러나 단순히 말씀을 듣는 것으로만 믿음이 생기는 것은 아니다. 믿음을 갖게 되는 것은 말씀만으로는 충분하지 않다. 그러면 무엇이 더 필요한가? "너희 믿음이 사람의 지혜에 있지 아니하고 다만 하나님의 능력에 있다"라고 말하고 있다(고전 2:5). 믿음은 그리스도의 말씀을 듣는 순간 하나님의 능력이 임해야 생기는 것이다. 곧 믿음의 역사는 그리스도의 말씀과 성령 하나님의 능력이다. 이러한 믿음에 놀라운 힘이 있다.

요즘에는 스마트폰과 내비게이션이 있어 심방하기가 참 편리하다. 과거에는 지도를 펼쳐놓고 찾아갔는데, 혹 길을 잘못 가든지, 약속장소에서 만남이 엇갈리면 얼마나 고생을 했는지 모른다. 그런데 지금은 아주 편리해졌다. 전혀 모르는 길도 내비게이션만 따라가면 된다. 이것이 믿음의 힘이다.

믿음의 사람 노아는 홍수가 임할 것이라는 하나님의 말씀을 듣고 믿음으로 방주를 지었다. 아브라함은 고향을 떠나

지시할 땅으로 가라는 하나님의 말씀을 듣고 믿음으로 순종했다. 모세도 홍해를 믿음으로 건넜다. 여호수아도 여리고 성을 믿음으로 무너뜨렸다. 눈으로 보고 믿은 것이 아니라 믿음으로 보았다. 또한 귀로 듣고 믿은 것이 아니라 믿음으로 들었다.

믿음에는 놀라운 힘이 있다. 우리는 믿음의 놀라운 힘을 체험해야 한다.

## 하나님의 선물이다

"너희는 그 은혜에 의하여 믿음으로 말미암아 구원을 받았으니 이것은 너희에게서 난 것이 아니요 하나님의 선물이라"(엡 2:8).

바울은 에베소 교회 성도들에게 우리가 구원을 받은 것은 믿음으로 말미암은 것이고, 이 구원은 우리에게서 난 것이 아니라 하나님의 선물이라고 말했다. 만약 믿음이 하나님의 선물이 아니고 우리의 의지에 따른 결과라면 구원도 절대로 하나님의 선물이 될 수 없다. 왜냐하면 구원은 의지에 대한 보상이 되기 때문이다.

이 사실에 동의할지 모르겠지만 우리가 믿기로 결심한 것은 우리 편에서 보면 우리의 자유의지에 의한 독단적인 결정이라고 볼 수 있다. 내가 교회 가겠다고 결정했기에 왔다고 말할 수 있다. 그럼에도 불구하고 믿음이 하나님의 선물이라고 말하는 것은 자유의지에 의한 우리의 결정마저도 하나님의 선물이기 때문이다. 이것을 가리켜 신학적으로 '불가항력적 은혜'라고 말한다. 이것은 하나님이 믿도록 하시면 아무도 거역할 수 없다는 뜻이다. 안 믿겠다고 도망을 치는 사람이라도 결국은 믿게 된다는 말이다.

사도 바울이 이런 사람이었다. 사도행전 9장을 보면, 그는 본래 예수님을 믿지 않는 사람이었다. 그러나 그가 믿는 자를 박해하기 위해 다메섹으로 가는 도중에 부활한 예수님을 만났다. 아주 드라마틱한 사건을 경험하면서 예수님을 믿게 되었고, 예수님을 박해했던 그가 오히려 예수님을 전하는 사도가 되었다. 이것이 바로 불가항력적인 은혜이다.

우리도 불가항력적인 은혜로 예수님을 믿게 되었다. 우리의 의지가 아니라 하나님의 은혜로 예수님을 믿게 되었다. 예수님을 믿게 된 과정은 각자 다르지만 결과는 모두 하나님의 은혜였다.

만약 우리가 자유의지로 예수님을 믿게 되었다면, 우리는 매번 행동 여하에 따라 구원의 확신이 흔들릴 수밖에 없다. 열심히 신앙생활을 할 때에는 구원을 받은 것 같지만 신앙생활에 좀 소홀해지거나 죄에 빠질 때면 구원을 받을 수 없다는 생각이 들기도 한다. 그러나 구원은 우리의 의지가 아니라 하나님의 전적인 은혜로 받은 것이다. 내가 믿었기 때문에 받은 것이 아니라 하나님께서 나를 믿게 해주셨기 때문에 받은 것이다. 그래서 우리는 구원의 확신이 흔들리면 안 된다. 확신을 가지고 살아야 한다.

## 세상을 이기는 것이다

"무릇 하나님께로부터 난 자마다 세상을 이기느니라 세상을 이기는 승리는 이것이니 우리의 믿음이니라"(요일 5:4).

사도 요한은 하나님께로부터 난 자마다 세상을 이긴다고 말했다. 하나님께로부터 난 자는 믿음의 사람을 말한다. 이들은 세상을 이긴다. 무엇으로 세상을 이기는가? 믿음이다. 그래서 믿음은 세상을 이기는 강한 능력이다.

아브라함은 믿음이 강한 사람이었다. 얼마나 강했는가? 로마서 4장 18절을 보면, 아브라함은 바랄 수 없는 중에 바라고 믿었다고 말하고 있다. 그는 하나님의 말씀을 듣고 바랄 수 없는 땅을 향해 나아갔다. 약속의 말씀을 붙잡는 믿음이 있었다. 그 결과로 하나님이 주신 땅에 들어갔다. 그리고 100세에 아들을 얻었다. 이러한 체험은 그가 강한 믿음을 가졌기 때문에 가능했다. 아브라함은 불가능한 상황에서도 강한 믿음을 소유한 사람이었다.

히브리서 11장은 '믿음장'이라고 말한다. 그것은 수많은 믿음의 사람의 이야기가 기록되어 있기 때문이다. 그들은 모두 불가능한 상황에서도 믿음으로 기적을 이루었다. 히브리서 11장 38절을 보면, 이들을 가리켜 "세상이 감당하지 못하는 사람들"이라고 말했다. 세상이 극복할 수 없고, 넘어뜨릴 수 없는 강한 믿음의 소유자들이었다고 말했다.

하나님께로부터 난 자는 세상을 이긴다. 세상을 이기는 승리는 이것이니 우리의 믿음이다.

한 무명의 가난한 화가가 있었다. 그는 각종 대회에 계속 응모했지만 번번이 낙선했다. 그러나 그는 화가의 길을 포기하지 않았다. 그러던 어느 날, 그의 친구가 한 부자를 데리고 와서 이런 제안을 했다. "이제 지겨운 농촌 풍경을 좀 그만 그리고, 돈이 되는 누드화를 한번 그려보게. 그러면 이분께서 자네의 그림을 모두 사겠다고 하네." 그 순간 그는 마음이 흔들렸다. 한때 누드화로 생계를 잇기도 했지만 당장 땔감을 살 돈조차 없던 그는 눈을 감고 잠시 기도했다. 그런 후에 이렇게 말했다. "사양하겠네. 하나님이 기뻐하시지 않는군." 그리고 그는 자신의 믿음과 취향대로 열심히 그림을 그렸다. 마침내 그는 "만종", "이삭줍기" 등으로 유명한 화가가 되었다. 그가 누구인가? 프랑스의 농민화가라고 불리는 장 프랑수아 밀레 Jean-Francois Millet이다.

믿음이란 무엇인가? 마음으로 믿고, 입으로 시인하는 것이다. 하나님의 선물이다. 세상을 이기는 것이다.

핵심 11

# 의롭다 하심(稱義)

성도는 어떤 사람이라고 말할 수 있는가? 거듭난 사람이고, 예수님을 믿는 사람이다. 옛 사람이 아니라 새 사람이고, 믿음으로 세상을 이기는 사람이다. 또한 의롭게 된 사람이다. 이것을 신학적으로 '칭의'라고 말한다.

어떻게 의롭게 될 수 있는가?

## 율법으로는 불가능하다

"그러므로 율법의 행위로 그의 앞에 의롭다 하심을 얻을 육체가 없나니 율법으로는 죄를 깨달음이니라"(롬 3:20).

바울은 로마 교회 성도들에게 "율법의 행위로는 의롭다 함을 얻을 육체가 없다"고 말했다. 이것은 한 사람도 없다는 뜻이다. 그런데 유대인은 율법을 지켜 의롭게 될 수 있다고 보았다. 그것은 율법을 주신 목적을 오해했기 때문이다. 하나님이 율법을 주신 목적은 물론 지키기 위한 것이지만 율법을 모두 지키기란 매우 어렵다. 십계명도 지키기 어려운데, 613개나 되는 조항을 어떻게 모두 지킬 수 있다는 말인가! 만약 율법을 다 지켜야 구원을 얻는다면 구원을 얻을 자는 한 사람도 없을 것이다.

그러면 율법을 주신 목적이 무엇인가? 죄를 깨닫게 하는 것이다. 그럼에도 불구하고 유대인은 율법의 행위로써 의롭게 될 수 있다고 오해했다. 그들은 스스로 속는 자가 되고 만 것이다.

로마 가톨릭 교회도 도덕적 행위로 구원받을 수 있다고 주장한다. 이것은 공로사상이다. 많은 공과 덕을 쌓아야 구원을 얻는다고 믿는다. 심지어 죽은 자를 위해서도 공을 들여야 천국에 들어갈 수 있다고 믿는다. 그래서 마르틴 루터가 이러한 주장을 단호히 배격하고 종교개혁을 단행했던 것이다. 불교에서도 때마다 시주를 하고, 정성을 다해 불공을 드린다. 이슬람교에서도 하루 다섯 번씩 정해진 시간에 기도하고, 평생에 한 번 메카로 성지순례를 한다. 이것은 행위로 무엇을 얻을 수 있다고 믿기 때문이다.

우리는 어떠한가? 열심히 예배를 드리고, 기도를 하며, 헌금을 드린다. 그러나 이 행위 때문에 우리가 의롭게 되는 것이 아니다. 이것은 믿음의 결과이고, 그 결과로 나타난 변화의 일부분일 뿐이다. 우리가 많은 봉사와 선행을 하더라도 그것으로는 의롭게 될 수 없다. 왜냐하면 행위로는 온전하게 될 수 없기 때문이다. 그러므로 율법의 행위로는 의롭게 될 수 없다. 성인군자처럼 행하고, 훌륭한 자선사업가로 많은 선행을 하더라도 마찬가지이다. 물론 선행은 아름답고 소중한 것이지만 그것 자체로는 의롭게 될 수 없다. 왜냐하면 행위로는 온전하게 될 수 없기 때문이다.

## 믿음으로 말미암아 가능하다

"곧 예수 그리스도를 믿음으로 말미암아 모든 믿는 자에게 미치는 하나님의 의니 차별이 없느니라"(롬 3:22).

"의롭게 된다"는 말은 우리에게 어떤 의롭게 여겨질 만한 조건이 있어서 의인으로 인정받는다는 뜻이 아니다. 아무런 조건도 갖추지 못했는데, 하나님 편에서 일방적으로 우리를 의롭다고 인정해 주시는 것을 뜻한다. 다시 말해 의인인 것도 아니고, 의인도 될 수 없는 죄인인 우리를 의인으로 여기고 대우해 주신다는 말이다. 이 얼마나 모순 같은 말인가?

그런데 이런 모순 같은 일이 실제로 일어났다. 그것은 예수님이 하나님과 우리 사이에 화목제물이 되신 것이다. 우리의 죄를 대신하여 십자가에 못 박혀 죽으신 것이다. 죄 가운데 빠져 고통 속에 살 수밖에 없고, 영원히 심판을 받고 멸망 받을 수밖에 없는 우리를 예수님이 구원해 주셨다. 우리는 이러한 예수님을 믿음으로 말미암아 의롭게 되었다. 얼마나 감사한 일인가! 그 은혜를 생각하면 감격의 눈물이 난다.

더욱이 예수님을 믿는 믿음도 우리의 공로나 업적이 아니다. 왜냐하면 모든 사람은 죄를 범한 존재이기 때문이다(23절). 아담의 부패된 본성에 따라 태어났고, 스스로 믿음을 가질 만한 아무런 능력이 없는 존재이기 때문이다. 인간 스스로는 절대로 믿음을 가질 수 없다.

### 1) 어떻게 믿음을 가졌는가?

> "그리스도 예수 안에 있는 속량으로 말미암아 하나님의 은혜로 값 없이 의롭다 하심을 얻은 자 되었느니라"(롬 3:24).

첫째는 "그리스도 예수 안에 있는 속량으로 말미암아" 믿음을 갖게 되었다. 예수님이 우리 죄를 대신하여 십자가에 못 박혀 죽으셨기 때문이다. 둘째는 "하나님의 은혜로" 믿음을 갖게 되었다. 셋째는 "값 없이" 믿음을 갖게 되었다. 이 세 가지를 한마디로 말하면, 하나님의 은혜이다.

로마서 4장 5절을 보면, "일을 아니할지라도 경건하지 아니한 자를 의롭다 하시는 이를 믿는 자에게는 그의 믿음을 의로 여기시나니"라고 기록되어 있다. 이 말씀은 우리가 의롭게 된 것은 믿음 때문이고, 믿음은 전적인 하나님의 은혜라는 말이다. 이것은 말로 표현할 수 없는 행복이다. 그래서 더욱 더 감사한 것이다.

마태복음 20장 1-16절을 보면 똑같은 비유의 내용이 있다. 포도원 주인이 하루 한 데나리온씩 품꾼들과 약속하고 그들을 포도원에 들여보내고, 오전 9시에 장터에 나가 보니 놀고 서 있는 사람들이 있어 그들을 포도원에 들여보냈다. 12시와 오후 3시에도 그와 같이 하고, 오후 5시에도 나가 보니 아직도 서 있는 사람들이 있어 그들을 포도원에 들여보냈다. 날이 저물어 일을 마치고, 포도원 주인이 품꾼들을 불러 나중 들어온 자로부터 시작하여 먼저 온 자까지 삯을 주었다.

그런데 오후 5시에 들어온 사람에게 주인이 하루 품삯인 한 데나리온을 주었다. 그러자 먼저 들어온 품꾼들은 더 받을 것으로 기대했다. 그런데 그들에게도 똑같이 한 데나리온씩을 주었다. 그들은 주인을 원망하며 말했다. "나중에 들어온 이 사람들은 한 시간밖에 일하지 않았는데, 하루 종일 땀을 흘리며 일한 우리에게는 더 주어야 되지 않습니까?"

그러자 주인이 말했다. "친구여, 내가 네게 잘못한 것이 없노라. 네가 나와 한 데나리온을 약속하지 아니했느냐? 네 것이나 가지고 가라. 나중 들어온 이 사람에게 너와 같이 주는 것은 내 뜻이니라. 내가 선하므로 네가 나를 악하게 보느냐?"

한번 생각해 보라. 우리는 어떤 사람인가? 혹시 먼저 들어온 품꾼처럼 욕심에 얽매여 시기하는 사람은 아닌가? 오히려 그들은 특별히 일찍 품꾼으로 선택을 받고 일하는

혜택을 누렸다. 얼마나 행복한 사람들인가! 그런데 나중에 들어온 품꾼들은 하루 종일 일할 자리가 없어서 전전긍긍하던 차에 마지막에 포도원에 들어갈 수 있게 되었다. 그동안 그들은 얼마나 힘든 시간을 보내었겠는가! 그런데 주인이 그들에게도 똑같이 한 데나리온을 주었던 것이다. 이것을 가리켜 '은혜'라고 말한다.

우리는 분명히 알아야 한다. 나중에 들어온 품꾼이 '우리'라는 사실이다. 이러한 하나님의 은혜로 의롭게 되었다. 이 얼마나 큰 기쁨이고 감격인가!

2) 의롭게 된 자의 기쁨은 무엇인가?

> "그런즉 이 일에 대하여 우리가 무슨 말 하리요 만일 하나님이 우리를 위하시면 누가 우리를 대적하리요 자기 아들을 아끼지 아니하시고 우리 모든 사람을 위하여 내주신 이가 어찌 그 아들과 함께 모든 것을 우리에게 주시지 아니하겠느냐 누가 능히 하나님께서 택하신 자들을 고발하리요 의롭다 하신 이는 하나님이시니 누가 정죄하리요 죽으실 뿐 아니라 다시 살아나신 이는 그리스도 예수시니 그는 하나님 우편에 계신 자요 우리를 위하여 간구하시는 자시니라"(롬 8:31-34).

바울은 "나를 의롭다고 인정하신 분이 하나님이신데, 누가 나를 정죄하겠느냐? 하나님이 나를 위하시는데, 내가 무엇을 두려워하겠느냐? 자기 아들까지도 아끼지 아니하신 하나님께서 모든 것을 은혜로 주시지 않겠느냐?"라고 말했다. 이처럼 사도 바울은 자신 있게 외쳤다.

무엇 때문인가? 그가 의로운 사람이었기 때문이 아니다. 무조건 의롭다고 여겨 주시는 하나님의 은혜가 너무나 큰 것이었기 때문이다. 그래서 바울은 기쁨과 감격을 이기지 못해 큰 소리로 찬양했다. 이렇게 아름답고 뜨거운 구원의 찬양이 또 어디 있겠는가!

목회를 하다 보면 다 포기하고 도망가고 싶을 때가 한두 번이 아니다. 그럴 때마다 '참자, 오늘만 살자. 죽어도 내일 죽고, 오늘은 살자'라고 생각하며 하루하루 살다 보니 어느새 목회를 28년째 하고 있다. 이것은 은혜이다. 다시 처음으로 돌아가라고 하면 절대 못할 일인데, 그 시간을 버티며 지내온 것이 은혜이다.

우리는 은혜 가운데 살아가고 있다. 우리 가정, 우리 교회, 우리 사업장이 은혜로 되어가고 있다. 종종 사람들은 "하나님이 내게 해준 것이 무엇이냐?"고 말한다. 그러나 그 많은 오해를 받으면서도 하나님은 은밀하게 우리를 돕고 계신다. 사람이라는 존재는 지나고 나서야 그 은혜를 알게 된다. 그냥 살아온 사람은 아무도 없다. 우리는 나 혼자 뭔가 이룬 줄 착각하지 말고, 하나님이 아니어도 되는 줄 교만하지 말며, 두렵고 떨림으로 우리에게 맡겨진 사명과 하나님의 뜻을 이루어 가야 한다.

은혜에는 두 종류가 있다. 하나는 보이는 은혜이고, 또 하나는 보이지 않는 은혜이다. 흔히 보이는 은혜만 은혜인 줄 알지만 사실은 보이지 않는 은혜가 더욱 크다. 암에 걸렸다가 나은 은혜보다 작은 종양이 암이 되지 않은 것이 더욱 큰 은혜이다.

어떤 사람이 헌책방에서 지도 한 장을 싸게 샀다. 그리고 산 가격보다 조금 더 비싼 가격에 팔려고 여기저기 수소문을 했지만 그 지도를 사려는 사람이 아무도 없었다. 그래서 그는 그 지도를 버리지도 못하고, 팔지도 못한 채 평생을 서재 한구석에 처박아 놓았다. 어느 날 대학에서 역사학을 가르치는 친구가 집에 찾아왔다. 그 친구와 이런저런 이야기를 나누다가 불현듯 그 지도가 생각나서 말했다. "내가 오래전에 헌책방에서 산 지도가 하나 있는데, 한번 봐주겠나? 물론 그다지 흥미로운 것은 아니지만 말이네." 그런데 지도를 보자마자 그 친구가 깜짝 놀라 소리쳤다. 그것은 루이 14세가 그리게 한 '프랑스 파리의 시가지 지도'였던 것이다. 지도는 1650년대에 그려진 것으로, 돈으로 계산하면 100만 달러(약 12억) 넘게 받을 수 있는 보물이었다.

아는 만큼 은혜가 넘친다. 하나님도 마찬가지이다.

우리는 바울처럼 믿음으로 의롭게 된 기쁨과 감격을 가지고, 하나님의 은혜에 날마다 감사하며 살아가야 한다.

핵심 12

# 내주하심(內住)

성도는 성령을 마음에 모시고 사는 사람이다. 이것을 '내주하심'이라고 말한다. 성령을 마음에 모신 사람은 세상 사람들과는 다르다. 불신자들이 도달할 수 없는 수준의 인격과 삶의 변화가 있고, 그들이 생각하고 행동하는 것과 구별되는 그 무엇이 있다.

그런데 만약 성도가 불신자가 다른 점이 단지 주일에 교회 나오는 것뿐이라면 어떻겠는가! 이것은 매우 불행한 일이다. 귀신에 들려도 사람이 달라진다. 그런데 하물며 귀신보다 더 강한 그리스도의 영을 모신 사람이 변화되지 않는다면, 어떻게 성령을 모신 성도라고 말할 수 있겠는가!

## 성령은 어떤 분이신가?

1) 보혜사(保惠師)이시다

"내가 아버지께 구하겠으니 그가 또 다른 보혜사를 너희에게 주사 영원토록 너희와 함께 있게 하리니"(요 14:16).

예수님은 제자들에게 "아버지께 구하여 또 다른 보혜사를 너희에게 보내주겠다"고 말씀하셨다. "또 다른 보혜사"는 성령을 말한다. 이것은 자신이 보혜사인 것을 전제한 말로 다른 보혜사를 보내주겠다고 말씀하셨던 것이다. 요한일서 2장 1절에도 보면 예수님을 "대언자"라고 말했는데, 이것은 원어로 '보혜사'라는 말이다.

이처럼 예수님은 제자들과 무리를 가르치고, 위로하는 보혜사의 역할을 하신 후에 또 다른 보혜사를 너희에게 보내줄 것이라고 약속하셨다.

"보혜사"는 헬라어로 '파라클레토스'(παράκλητος)라고 말한다. '파라'(παρά)는 '곁에'라는 뜻이고, '클레토스'(κλητος)는 '부름 받은 자'라는 뜻이다. 즉, '곁에서 돕기 위해 부름 받은 자'라는 의미이다. 또한 상담자나 위로자라고도 말한다. 성령은 우리를 돕는 분이시고, 우리의 상담자이며 위로자이시다. 로마서 8장 26절에도 보면, 성령은 우리의 연약함을 도우신다고 말했다. 우리가 기도할 바를 알지 못할 때 성령은 말할 수 없는 탄식으로 우리를 위해 친히 간구하시고, 우리의 기도를 돕는 분이시다. 그렇다고 대신하시지는 않는다.

## 2) 진리의 영(靈)이시다

"그는 진리의 영이라 세상은 능히 그를 받지 못하나니 이는 그를 보지도 못하고 알지도 못함이라 그러나 너희는 그를 아나니 그는 너희와 함께 거하심이요 또 너희 속에 계시겠음이라"(요 14:17).

"진리"가 무엇인가? 사전적인 뜻은 '참된 도리'이지만 말씀이신 예수님을 가리킨다. 요한복음 16장 13절을 보면, 성령은 진리 가운데로 인도하시는 분이라고 했다. 또한 요한복음 15장 26절에도 성령은 참 진리인 예수님을 증언하시는 분이라고 했다. "증언한다"는 말은 진리를 가르쳐 알게 해준다는 뜻이다. 이처럼 성령은 진리 가운데로 인도하고, 진리를 증언하시는 분이다.

이것을 어떻게 알 수 있는가? 우리가 말씀을 읽거나 들을 때에 체험하게 된다. 이것은 성령의 역사이다. 성령이 진리의 영이시기 때문이다. 또한 세상 사람들과 달리 생각하고, 다르게 사는 것을 보면 알 수 있다. 생각하는 것도 다르고, 말하는 것도 다르고, 살아가는 삶도 다르다. 그것은 진리의 성령이 마음속에 계시기 때문이다. 세상 사람들은 세상 것을 좋아하지만 성도는 하나님의 것을 좋아한다. 예배하는 것을 좋아하고, 기도와 전도하는 것을 좋아하며, 섬기고 봉사하는 것을 좋아한다. 성령은 진리의 영이시기 때문이다.

## 우리 안에 성령이 계시는가?

"내가 이르노니 너희는 성령을 따라 행하라 그리하면 육체의 욕심을 이루지 아니하리라"(갈 5:16).

성령이 마음에 임한 성도는 성령을 따라 행한다. 그 증거가 무엇인가? 예수님을 나의 구주로 믿는 것이다. 말씀을 읽고 들을 때에 깨닫는 것이다. 기도할 때에 기도가 저절로 나오는 것이다. 말씀에 순종해야겠다고 다짐하는 것이다. 이것이 성령이 마음에 임한 증거이다.

성령이 마음에 임한 성도에게는 두 가지의 욕구가 있다. 하나는 육체의 소욕이고, 또 하나는 성령의 소욕이다. 이 두 가지의 욕구는 서로 갈등하고 대적한다. 성령의 소욕은 선을 행하기 원하고, 육체의 소욕은 악을 행하기 원한다. 그래서 성도는 끊임없이 갈등하고 괴로워한다. 사도 바울도 "오호라 나는 곤고한 사람이로다 이 사망의 몸에서 누가 나를 건져내랴"(롬 7:24) 하면서 탄식했다. 또한 "내 속사람으로는 하나님의 법을 즐거워하지만 내 지체 속에 있는 또 다른 법, 곧 죄의 법이 나를 사로잡는 것을 본다"고 말했다(롬 7:22-23).

1) 육체의 소욕은 무엇인가?

"육체의 일은 분명하니 곧 음행과 더러운 것과 호색과 우상숭배와 주술과 원수 맺는 것과 분쟁과 시기와 분냄과 당 짓는 것과 분열함과 이단과 투기와 술 취함과 방탕함과 또 그와 같은 것들이라"(갈 5:19-21).

육체의 소욕은 열다섯 가지이다. 이것이 전부가 아니다. "또 그와 같은 것들이 있다"고 말했다.

2) 성령의 소욕은 무엇인가?
성령의 소욕은 '하나님의 뜻대로 살아가려는 본성'이다.
성도의 마음속에는 이 두 가지의 욕구가 끊임없이 갈등하고 있다. 이것은 서로 일치될 수 없기 때문이다.
그러면 어떻게 갈등을 해결할 수 있는가? 대부분은 육체의 소욕과 싸우고, 그것을 억누르며 정죄하려고 든다. 그러나 더 효과적인 방법은 성령의 소욕대로 사는 것이다. 그러면 육체의 소욕은 자연히 위축되고 소멸하게 된다. 예를 들어, 물통에 있는 더러운 물을 깨끗이 하려면 그것을 비우고 깨끗한 물로 채우면 된다. 아니면 그곳에 깨끗한 물을 계속 부으면 된다. 그러면 어느새 깨끗한 물로 바뀐다. 이처럼 성령의 소욕대로 살면 갈등은 해결된다.
그러나 성도는 이미 성령의 소욕대로 살 가능성이 높다.

왜냐하면 이미 육체와 함께 그 정욕과 탐심을 십자가에 못 박았기 때문이다(갈 5:24). 즉, 이미 신분이 달라졌기 때문이다. 죄인이 아니라 의인이 되었기 때문이다.

그래서 성도는 성령의 소욕대로 살아야 한다. 이를 위해 매일 큐티를 통해 말씀을 묵상하고, 매 순간 기도하기를 쉬지 않으며, 항상 복음을 전하는 삶을 살아야 한다. 그러면 육체의 소욕은 저절로 소멸된다.

만약 그렇지 못하면 우리는 천국에 들어갈 수 없다. 갈라디아서 5장 21절을 보면, "이런 일을 하는 자들은 하나님의 나라를 유업으로 받지 못할 것이요"라고 했다. 성령의 소욕대로 살지 않으면 하나님의 나라를 유업으로 받지 못한다. 사도 바울은 이런 일을 "경계하라"고 말했다.

스마트폰은 우리의 삶의 방식을 완전히 바꾸어 놓았다. 컴퓨터는 책상에 앉아서 사용해야 하지만 스마트폰은 휴대하면서 사용할 수 있는 장점이 있다. 그런데 스마트폰을 잘 사용하려면 반드시 두 가지를 체크해야 한다. 하나는 배터리의 용량이다. 용량이 충분하지 않으면 불안해진다. 또 하나는 무선데이터 전송시스템인 와이파이Wi-Fi의 연결 상태이다. 연결되어 있지 않으면 인터넷을 사용할 수 없다.

이처럼 성도는 두 가지를 항상 체크해야 한다. 첫째는 영적 배터리의 용량이다. 용량이 부족한데도 불안하지 않다면 신앙에 문제가 생긴 것이다. 둘째는 영적 와이파이의 연결 상태이다. 만약 하나님과의 영적인 관계가 단절되어 있으면 이것은 심각한 상태이다. 성도는 영적 배터리의 용량이 충분하고, 영적 와이파이의 연결 상태가 양호해야 한다.

## 성령이 내주(內住)하시는 삶은 어떠한가?

"오직 성령의 열매는 사랑과 희락과 화평과 오래 참음과 자비와 양선과 충성과 온유와 절제니 이 같은 것을 금지할 법이 없느니라"(갈 5:22-23).

성령이 내주하시면 성령의 열매를 맺는다. 성령의 열매는 아홉 가지이지만 이것은 성령이 내주하시는 성도에게 기대할 수 있는 하나의 인격이고 삶이다. 그 증거는 열매라는 단어가 단수이기 때문이다. 성령이 내주하시는 성도는 성령에 사로잡히고, 성령이 기뻐하시는 대로 산다. 사랑과 희락과 화평과 오래 참음과 자비와 양선과 충성과 온유와 절제의 열매를 맺는다. 이것을 '성령 충만'이라고 말한다.

성도의 마음에는 성령이 내주하시지만 성령 충만하지 못할 때가 많다. 성령 충만한 사람인지, 육신에 충실한 사람인지 구분이 안 될 때가 있다. 그래서 사도 바울은 "성령으로 충만함을 받으라"(엡 5:18)고 말하고 있다.

1) 성령 충만하지 못하는 이유가 무엇인가?

육체의 소욕을 이기지 못하기 때문이다.

〈생명의 삶〉 "묵상 에세이"에 나왔던 내용이다.

교회에 다니는 한 청년이 건설회사에 입사했다. 그는 회사에서 인정을 받기 위해 회식 자리에서 호탕한 모습으로 술을 마시고, 상사들의 비위를 잘 맞췄다고 한다. 그런데 건설 경기가 안 좋아지고 회사의 경영이 악화되면서 그 청년은 정리해고 대상이 되었다. 청년이 가장 견디기 힘들었던 것은 자신보다 학벌도 좋지 않고 능력도 뛰어나지 않아 자신이 무시했던 동료가 자리를 지키게 된 것이었다. 믿었던 상사들에 대한 배신감과 억울함에 힘들어하던 청년은 곤고한 마음이 되어 예배의 자리에 나오게 되었고, 말씀을 들으면서 그동안 하나님을 경외하지 않고 세상과 타협하며 다른 사람을 무시한 자신의 죄를 깨닫고 진정으로 회개했다고 한다.

성도는 자기의 정체성을 잘 지켜야 한다. 육체의 소욕을 이기고, 성령 충만해야 한다.

2) 성령 충만할 수 있는 방법은 무엇인가?

① 몸을 더럽히지 않는 것이다(고전 3:16-17).
② 성령을 근심하게 하지 않는 것이다(엡 4:30).
③ 성령을 소멸하지 않는 것이다(살전 5:19).
④ 성령 충만하기를 구하는 것이다(눅 11:13).

루벤 토레이<sup>Reuben Torrey</sup> 목사의 글에는 "성령 충만"이라는 단어가 자주 나온다. 그는 아침에 일어나면 성령 충만을 위해서 기도한다고 했다. "하나님! 성령 충만하게 도와주십시오. 왜냐하면 성령 충만하지 않으면 오늘 하루 동안 나는 너무나 쉽게 흔들릴 수 있는 사람이기 때문입니다." 그는 또 이렇게 고백했다. "하나님, 제가 성령 충만하다고 느끼지 못할 때 함부로 말하지 않도록 도와주십시오. 제 인생의 중요한 결정을 하지 않도록 도와주십시오." 이처럼 루벤 토레이 목사는 아침마다 성령 충만을 구했다.

우리가 스스로 감정을 다스리는 것은 참 어려운 일이다. 그것은 우리 안에 육체의 소욕이 있기 때문이다. 우리는 성령 충만을 구해야 한다. 그러면 우리는 감정을 다스리고, 진정한 그리스도인으로 살아갈 수 있다.

핵심13

# 거룩한 삶(聖化)

　　　　성도는 '거룩한 무리'라는 뜻으로 거룩한 사람이다. 그 이유는 이미 죄 용서함을 받아 하나님의 소유가 되었기 때문이다. 그런데 성도 중에는 이렇게 말하는 사람이 있다.

　"내 삶이 아직 거룩하지 못한데, 어떻게 거룩하다고 말할 수 있는가? 마음에는 여전히 악한 본성들이 남아 나를 괴롭히고 있는데, 어떻게 거룩한 사람이라고 말할 수 있는가? 이것은 모순이다."

　그러나 예수님을 믿고 성령을 선물로 받은 모든 성도는 거룩하다. 왜냐하면 이미 본질상 거룩한 존재가 되었기 때문이다. 이것은 거룩하기 위해 믿은 것이 아니라 믿기 때문에 거룩하게 된 것이다. 또한 전적인 하나님의 선물이며, 성령의 임재로 주어진 결과이다.

　이러한 성도가 가져야 할 마음은 무엇인가?

## 거룩한 존재라는 긍지이다

'긍지'라는 말은 자신의 능력이나 자격을 자랑스럽게 여기는 마음을 뜻한다. 유사어로는 '자부심' 또는 '자랑'이 있다. 성도는 거룩한 존재라는 자부심을 가지고, 자랑스럽게 여겨야 한다. 그런데 이러한 긍지를 갖지 못한 성도들이 많다. 그 이유는 신분상의 거룩이 아니라 생활상의 거룩만을 생각하기 때문이다. 비록 생활에서는 부족함이 많다 하더라도 성도는 하나님의 선물로 이미 구원을 받았다. 그리고 성령이 내주하심으로 신분상 거룩한 존재가 되었다. 여기에 우리의 의지는 1%도 없다. 이것은 전적인 하나님의 선물이다. 그래서 성도는 '거룩한 존재'이다.

월트디즈니에서 만든 "라이언 킹"이라는 영화의 주인공은 '심바'라는 사자이다. 그는 아버지가 죽은 후 삼촌 '스카'에게 왕위를 빼앗기고 방랑하는 초라한 신세가 되고 말았다. 그는 사자였지만 사자답지 못했다. 그러던 어느 날, 죽은 아버지 '무파사'의 고함과 함께 자신이 아버지를 쏙 빼닮은 위대한 사자라는 것을 물에 비친 자기 모습을 통해 발견하게 된다. 그리고 다시 고향으로 돌아가 삼촌을 제거하고 왕위를 차지하게 된다. 심바가 달라질 수 있었던 이유가 무엇인가? 자신의 존재에 대한 긍지가 되살아났기 때문이다.

그 당시 고린도 교회 안에는 바울이 전해준 것과 다른 예수를 믿는 자들이 있었다. 또한 다른 영을 받으며, 다른 복음을 증거하는 거짓 사도들도 있었다. 그들로 인해 교회에 분열과 갈등이 생겼고, 서로 간에 다툼과 시기와 분쟁이 일어났다. 게다가 구원은 하나님의 선물이라는 사실까지도 부정하는 자들이 나타났다. 사도 바울은 고린도 교회 성도들에게 자신을 더럽히는 일이 없도록 경계하라고 말했다. 왜냐하면 그들은 거룩한 존재이기 때문이다.

### 1) 믿지 않는 자와 구별되라(區別化)

> "너희는 믿지 않는 자와 멍에를 함께 메지 말라 의와 불법이 어찌 함께하며 빛과 어둠이 어찌 사귀며"(고후 6:14).

"믿지 않는 자"는 문자적으로는 불신자이고, 의미상으로는 세상과 타협하여 믿음의 순수성을 잃어버린 자이다. 사도 바울은 이런 자들과 "멍에를 함께 메지 말라"고 했다. 그 이유는 성도로서 구별화가 되어야 하기 때문이다. '구별화'는 믿음의 순수성을 해치지 않는 행위를 말한다. 곧 불신자와 결혼하지 않고, 우상숭배와 도덕적 타락과 거짓 사도들의 가르침을 멀리하는 것이다. 이것이 구별된 삶이다.

구별되게 살아야 하는 이유는 거룩한 존재이기 때문이다. 거룩은 세상으로부터 구별되는 것이다. 그러나 물리적으로 세상으로부터 구별되는 것이 아니라 세상 사람들의 가치관과 문화로부터 구별되는 것이다. 또한 하나님의 백성으로서 구별되는 것을 말한다. 세상과의 관계 이전에 하나님과의 관계, 즉 하나님의 소유가 되는 것이다.

사도 바울은 고린도 교회 성도들에게 "하나님의 성전과 우상이 어찌 일치가 되리요 우리는 살아 계신 하나님의 성전이라 이와 같이 하나님께서 이르시되 내가 그들 가운데 거하며 두루 행하여 나는 그들의 하나님이 되고 그들은 나의 백성이 되리라"(고후 6:16)고 말했다. 성도는 곧 하나님의 성전이다. 성전은 거룩한 영이 거하는 곳이다. 우상이나 거짓의 영이 머물 수 없다. 또한 성도는 하나님께 속한 백성이다. 하나님과의 관계에 그 어떤 것도 개입될 수 없는 거룩한 존재이다. 그래서 믿지 않는 자와 구별되어야 한다.

### 2) 거룩함을 온전히 이루라(聖化)

> "그런즉 사랑하는 자들아 이 약속을 가진 우리는 하나님을 두려워하는 가운데서 거룩함을 온전히 이루어 육과 영의 온갖 더러운 것에서 자신을 깨끗하게 하자"(고후 7:1).

"이 약속"은 "너희에게 아버지가 되고 너희는 내게 자녀가 되리라"(고후 6:18)는 말씀이다. 사도 바울은 이 약속을 가진 성도는 하나님을 두려워하는 가운데서 거룩함을 온전히 이루어야 한다고 말했다. 거룩함은 육과 영의 온갖 더러운 것에서 자신을 깨끗하게 하는 것이다. 신학적인 용어로는 '성화'라고 말한다.

성도는 거룩한 존재로서 긍지를 가지고 거룩함을 온전히 이루어야 한다. 그렇지만 세상 죄악 속에 살고 있어 죄를 범하지 않을 수는 없다. 아무리 옷을 깨끗이 하려 해도 굴뚝에 한 번 들어갔다 나오면 더러워지는 것처럼 나도 모르게 죄악에 물들 때가 참 많다. 그럴지라도 우리는 거룩함으로 입은 옷을 더럽혀서는 안 된다. 더러운 곳은 피해야 하고, 죄는 멀리해야 한다(살전 5:22). 영적 싸움에서 끝까지 승리해야 한다.

에베소 교회 성도들도 죄악 가운데 빠져 있었다. 거짓말을 잘 했고, 해가 지도록 분을 품었고, 도둑질을 하며, 더러운 말을 잘했다. 사도 바울은 이러한 교회를 향해 권면했다.

> "그런즉 거짓을 버리고…참된 것을 말하라…분을 내어도 죄를 짓지 말며 해가 지도록 분을 품지 말고…도둑질하지 말고…가난한 자에게 구제할 수 있도록 자기 손으로 수고하여 선한 일을 하라 무릇 더러운 말은 너희 입 밖에도 내지 말고 오직 덕을 세우는 데 소용되는 대로 선한 말을 하여…성령을 근심하게 하지 말라…모든 악독과 노함과 분냄과 떠드는 것과 비방하는 것을 모든 악의와 함께 버리고 서로 친절하게 하며 불쌍히 여기며 서로 용서하기를 하나님이 그리스도 안에서 너희를 용서하심과 같이 하라"(엡 4:25-32).

성도는 이와 같이 성화의 삶, 곧 거룩함을 온전히 이루어야 한다. 그 이유는 첫째, 거룩한 사람이 되기 위해서가 아니라 이미 거룩한 사람이 되었기 때문이다. 걸레와 같은 존재에서 행주와 같은 존재가 되었기 때문이다.

둘째, 하나님의 뜻이며 실행 가능한 명령이기 때문이다. 명령에는 선택권이 없고 순종의 의무만 있다. 명령에 따르지 않는 것은 죄이다. 따르기가 쉬운 것은 아니지만 불가능한 것도 아니다. 하나님이 우리에게 무엇을 요구하실 때는 우리가 감당할 수 있기 때문이다. 거룩하게 살도록 요구하셨으면 그렇게 살 수 있도록 힘과 지혜를 주실 것이기 때문이다.

그래서 데살로니가전서 4장 3절에서 "하나님의 뜻은 이것이니 너희의 거룩함이라"고 했고, 베드로전서 1장 16절에서도 "내가 거룩하니 너희도 거룩할지어다"라고 했다. 거룩은 하나님의 뜻이고, 하나님이 요구하시는 명령이다.

어떻게 거룩할 수 있는가? 성령 충만이다. 이것 외에 다른 방법은 없다.

사도 바울은 로마서 7장 24절에서 "오호라 나는 곤고한 사람이로다 이 사망의 몸에서 누가 나를 건져내랴"고 탄식했다. 그 이유는 마음으로는 하나님의 법을 섬기기를 원했지만 육신으로는 원치 않는 죄의 법을 섬기고 있었기 때문이다.

그러나 바울은 로마서 8장 1-2절에서 이렇게 선포했다.

"그러므로 이제 그리스도 예수 안에 있는 자에게는 결코 정죄함이 없나니 이는 그리스도 예수 안에 있는 생명의 성령의 법이 죄와 사망의 법에서 너를 해방하였음이라."

성도는 성령으로 충만해야 거룩할 수 있다. 성령 충만을 위해서는 매일 말씀묵상과 큐티 생활, 기도생활을 해야 한다. 그렇게 할 때 거룩할 수 있다.

## 예수님의 재림에 대한 소망이다

"사랑하는 자들아 우리가 지금은 하나님의 자녀라 장래에 어떻게 될지는 아직 나타나지 아니하였으나 그가 나타나시면 우리가 그와 같을 줄을 아는 것은 그의 참모습 그대로 볼 것이기 때문이니"
(요일 3:2).

예수님이 재림하실 때에 성도의 최종적인 모습은 어떠한가? 예수님과 같이 변화된다. 흠과 티가 없는 거룩한 존재가 된다. 예수님처럼 성도들도 모두 깨끗한 세마포 옷을 입고, 공중에서 예수님을 영접하게 될 것이다. 이 얼마나 감격적인 순간인가! 예수님을 향하여 이 소망을 가진 자는 그의 깨끗함과 같이 자기를 깨끗하게 한다(3절).

아침 뉴스를 보니 일본과의 축구 경기에서 3대 2로 이겼다고 했다. 기쁜 마음으로 재방송 경기를 보는데, 0대 2로 지고 있지만 아무런 염려가 되지 않았다. 이처럼 성도는 장차 어떻게 될 것인지를 알고 있다. 따라서 매일 성화의 삶을 위해 힘써야 한다.

아쉽게도 오늘날 많은 성도에게서 재림에 대한 소망을 찾아보기 힘들다. 이 세상에서 영원히 살 것처럼 살아가고 있다. 하나님을 떠나서 살고, 죄악에 빠져 살기도 한다. 믿지 않는 자와 구별된 삶을 살지 못하고, 거룩함을 온전히 이루지도 못하고 있다.

그러나 성도는 거룩한 존재라는 긍지와 재림에 대한 소망을 가지고 살아야 한다. '나는 거룩한 사람이다'라는 긍지를 가지고, '나도 예수님처럼 될 사람이다'라는 소망을 가지고 거룩하게 살아야 한다. 거룩은 한순간에 성취되는 것이 아니라 점진적으로 변화되어 가는 것이다. 그래서 '공사 중'이다.

C. S. 루이스는 이런 말을 했다.

"'하나님께서 우리를 사랑하신다면 지금의 우리 모습에 만족하셔야 한다'고 요구하는 것은 하나님께서 더 이상 하나님이시기를 포기하도록 요구하는 것이다. 하나님께서는 거룩하신 분이시기 때문에, 우리의 인격에 흠이 있으면 그분의 사랑은 방해를 받고 위축될 수밖에 없다."

핵심14

# 예수님의 재림(再臨)

예수님의 재림은 성경에 남아 있는 마지막 예언이다. 이것은 초대교회로부터 지금까지 예수님께서 모든 성도에게 말씀하신 약속이었고, 모든 성도가 기다리고 있는 마지막 소망이다. 왜냐하면 재림은 하나님의 구원계획이 완성되는 절정의 순간이기 때문이다.

성도는 거룩하게 살아야 한다. 첫째는 거룩한 존재라는 긍지가 있기 때문이고, 둘째는 재림에 대한 소망이 있기 때문이다.

## 성경은 재림을 어떻게 말하는가?

### 1) 예언된 사실이다

"이르되 갈릴리 사람들아 어찌하여 서서 하늘을 쳐다보느냐 너희 가운데서 하늘로 올려지신 이 예수는 하늘로 가심을 본 그대로 오시리라 하였느니라"(행 1:11).

부활하신 예수님이 하늘로 승천하실 때에 그 광경을 자세히 쳐다보고 있는 제자들에게 흰옷 입은 두 사람이 곁에 서서 "하늘로 올려지신 이 예수는 하늘로 가심을 본 그대로 오시리라"고 말했다. 예수님의 재림은 예언된 사실이었다.

또한 요한계시록 22장 20절을 보면, "이것들을 증언하신 이가 이르시되 내가 진실로 속히 오리라 하시거늘 아멘 주 예수여 오시옵소서"라고 말했다. 여기에 "내가 진실로 속히 오리라"는 말씀은 예수님이 재림할 것에 대해 스스로 확증하신 것이다. 또한 동시에 "아멘, 주 예수여 오시옵소서"라는 말씀은 그 약속에 대한 성도들의 응답이다. 또한 이 말씀은 고린도전서 16장 22절에 나오는 "우리 주여 오시옵소서"라는 말씀, 곧 '마라나타'Maranatha와 동일한 의미이다.

초대 예루살렘 교회는 로마로부터 모진 고난과 박해를 받았다. 그때에 예수님의 이 말씀은 그들에게 큰 위로와 기쁨이 되었다. 왜냐하면 예수님이 재림하시면 악한 세력은 모두 멸망하고, 그들에게 참된 평화가 주어질 것이기 때문이다. 그래서 초대교회 예배 의식 안에 '주께서 임하신다', '마라나타'라는 말씀이 자주 사용되었다.

이것은 예언된 사실이기 때문이다.

### 2) 재림의 시기는 아무도 모른다

"그러나 그 날과 그 때는 아무도 모르나니 하늘의 천사들도, 아들도 모르고 오직 아버지만 아시느니라"(마 24:36).

예수님은 재림의 시기에 대해서 "그 날과 그 때는 아무도 모른다"고 말씀하셨다. "하늘의 천사들도 모르고, 아들인 자신도 모르고, 오직 아버지만 아신다"고 말씀하셨다. 재림의 시기는 비밀로 남겨 두었다.

몇 가지 이유가 있다. 먼저는, 신앙상의 이유이다. 영적으로 항상 긴장하고 깨어 있도록 하기 위해서이다. 만약 정확한 시기를 안다면 나태해지거나 세상에서 도피하는 삶을 살수 있기 때문이다(살후 3:11-12).

둘째는, 생활상의 이유이다. 심판의 날을 알면, 삶에 대한 기대감과 의욕이 상실되기 때문이다.

셋째는, 선교상의 이유이다. 재림의 때까지 열심히 복음을 전해야 하는데, 열정이 식을 수 있기 때문이다.

재림의 시기를 알지 못했던 노아의 때는 어떠했는가? 그들은 먹고 마시고, 장가들고 시집가는 생활에 빠져 있었다. 또한 홍수가 나서 멸하기까지도 그들은 심판이 임박했음을 깨닫지 못했다(마 24:38-39). 그들이 현실에만 집착하고, 일상생활에 매몰되어 있었기 때문이다. 어떻게 보면 성실해 보이고, 점잖게 보일지 몰라도 그것은 세상적이고, 정욕적이고, 마귀에게 속한 것이다. 누가복음 21장 34절에도 보면, 재림의 시기를 깨닫지 못한 이유는 방탕과 술 취함과 염려로 마음이 둔하여졌기 때문이다.

이것은 지금 이 시대와도 비슷하다. 오늘날에도 삶의 목적을 상실하고 방탕하게 살아가는 사람들이 많다. 술에 취하고, 세상에 취하여 살아가는 사람들도 많다. 또한 세상의 염려로 근심과 걱정에 빠져 살아가는 사람들도 많다.

우리는 어떠한가? 방탕과 술 취함과 염려로 깨닫지 못하는 사람이 되어서는 안 된다.

그러면 어떻게 해야 하는가? 누가복음 21장 36절을 보면 "너희는 장차 올 이 모든 일을 능히 피하고 인자 앞에 서도록 항상 기도하며 깨어 있으라"고 말했다. 첫째는 항상 기도해야 된다. 둘째는 깨어 있어야 된다. 그러면 재림의 때에 예수님을 영접할 수 있다.

### 3) 성도는 예수님을 영접한다

> "주께서 호령과 천사장의 소리와 하나님의 나팔소리로 친히 하늘로부터 강림하시리니 그리스도 안에서 죽은 자들이 먼저 일어나고 그 후에 우리 살아남은 자들도 그들과 함께 구름 속으로 끌어올려 공중에서 주를 영접하게 하시리니 그리하여 우리가 항상 주와 함께 있으리라"(살전 4:16-17).

이 말씀은 예수님께서 재림하실 때에 일어날 일들이다. 예수님의 호령과 천사장의 소리와 하나님의 나팔소리가 울려 퍼지고, 예수님이 하늘로부터 강림하실 것이다. 그때에 세상을 떠난 성도들이 먼저 일어나고, 살아남은 성도들이 구름 속으로 끌어 올려져 공중에서 예수님을 영접하게 된다.

여기에 "끌어 올려진다"는 말은 공중으로 들려지는 휴거를 뜻한다. 두 사람이 맷돌을 가는데 한 사람은 들림을 받고, 한 사람은 버려둠을 당한다. 두 사람이 밭에서 일하는데, 한 사람은 들림을 받고, 한 사람은 버림을 당한다(눅 17:34-35). 이것이 재림의 때에 일어날 일들이다. 또한 "그리하여 우리가 항상 주와 함께 있다"는 말은 우리가 천국에서 주님과 함께 영원히 산다는 말이다.

### 4) 불신자는 통곡하며 심판을 받는다

> "그때에 인자의 징조가 하늘에서 보이겠고 그때에 땅의 모든 족속들이 통곡하며 그들이 인자가 구름을 타고 능력과 큰 영광으로 오는 것을 보리라"(마 24:30).

이 말씀은 예수님이 재림하실 때에 불신자들에게 일어날 일들이다.

그때에 하늘에서는 이변이 일어나고, 땅에서는 모든 불신자가 통곡하며, 예수님이 구름을 타고 오시는 것을 보게 될 것이다. 마태복음 13장 49-50절을 보면, 천사들이 와서 의인 중에서 악인을 갈라내어 풀무 불에 던져 넣는데, 던짐 받은 불신자들은 거기서 울며 이를 갈 것이라고 말했다.

재림의 때에 불신자는 통곡하며 심판을 받는다. 이 얼마나 무서운 일인가! 그러나 예수님을 믿는 우리에게는 재림이 구원의 날이고, 영광의 날이다.

## 우리에게 재림에 대한 소망이 있는가?

"만일 누구든지 주를 사랑하지 아니하면 저주를 받을지어다 우리 주여 오시옵소서"(고전 16:22).

초대교회 성도들은 재림에 대한 소망이 있었다. 그들은 기도할 때마다 예수님의 재림을 사모하는 마음으로 "우리 주여, 오시옵소서. 마라나타"라고 외쳤다.

한국교회 초기에도 종말과 재림에 대한 말씀이 강단에서 자주 선포되었고, 그때마다 성도들은 사모하는 마음으로 말씀을 받았고, 아멘으로 화답했다. 이것은 예수님의 재림 때에 주어질 영광이 어떠한지 듣고 깨달았기 때문이다.

평생을 경건한 삶으로 일관한 호라티우스 보나르 Horatius Bonar는 아침에 해가 뜨면 창문을 열고 커튼을 젖히며 "주여! 이 아침에 오시겠습니까?"라고 말하고, 또 밤이면 창문을 닫으며 "주여! 이 밤에 오시겠습니까?"라고 말하며 항상 주님을 맞을 준비를 하며 살았다고 한다.

예수님의 재림을 기다리는 사람은 말씀을 거스르는 생활

을 할 수 없다.

그러나 오늘날 성도들의 마음속에는 예수님의 오심에 대한 열망이 사라져 가고 있다. 성도들을 대상으로 설문조사를 하여도 예수님이 지금 오시지 않았으면 더 좋겠다는 사람들이 더 많을 것이다. 그리고 그 이유는 어쩌면 세속적인 삶의 즐거움 때문이 아니겠는가!

지금 우리는 재림을 사모하고 있는가? "우리 주여, 오시옵소서. 마라나타"라고 외치고 있는가? 지금이라도 예수님이 재림하시면 두려움 없이 영접할 수 있겠는가?

우리는 예수님의 재림을 소망해야 한다.

신앙
Build up

# 빌드 업의 삶

(Live)

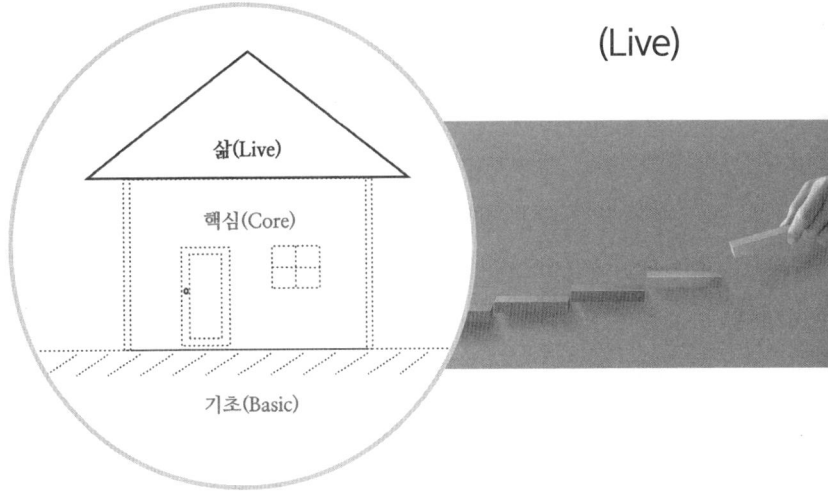

삶1

# 순종

　　　　중세 유럽의 수도원에서 제자를 선발하는 시험이 있었다. 첫 번째 관문은 '배추심기'였다. 수도원장이 배추 뿌리가 하늘로 향하도록 심으라고 지시했다. 그때에 제자가 되기 위해 찾아온 청년 중 한 명은 수도원장의 말대로 배추 뿌리가 하늘로 향하도록 심었고, 다른 청년은 수도원장의 말과 반대로 배추 뿌리가 땅을 향하도록 바르게 심었다. 수도원장이 와서 보고는 두 번째 청년에게 말했다. "자네처럼 똑똑한 사람은 제자로서는 자격이 없네."

　순종은 제자로서의 첫 발걸음이다. 왜냐하면 제자인 증거이기 때문이다.

　믿음의 증거도 마찬가지로 순종이다. 이것은 목자와 양의 관계와 같다. 예수님은 목자이고, 제자는 양이다. 목자는 양을 알고, 양은 목자의 음성을 듣고 따른다(요 10:27).

　실제로 팔레스타인 땅에서 방목하는 양을 보면, 목자가 이끄는 대로 따른다.

　양은 목자 없이는 살 수 없다. 왜냐하면 첫째로 멀리 보지 못하기 때문이다. 양의 가시거리는 약 1m 정도라고 한다. 멀리 보지 못하는 약점 때문에 양은 무리를 떠나면 즉시 길을 잃어버리게 된다. 예수님이 길 잃은 양의 비유를 말하신 것도 양에게 이러한 약점이 있기 때문이다. 둘째로 넘어지면 잘 일어나지 못하기 때문이다. 양은 고양이처럼 유연하지 못하다. 특히 새끼를 가졌을 때에는 넘어지면 몸이 무거워서 잘 일어나지 못한다. 이럴 때는 목자가 급히 가서 도와주어야 한다. 셋째로 빨리 도망가지 못하기 때문이다. 양은 남의 것을 빼앗을 줄도 모르고, 싸움도 잘 하지 못한다. 초식동물이기에 이빨이 날카롭지 못하고, 발톱도 무딘데다 다리가 짧아 빨리 도망가지 못한다. 이러한 약점들 때문에 양은 목자의 음성을 듣고 따른다.

예수님의 제자도 마찬가지이다. 순종해야 한다. 그 이유가 무엇인가?

### 본(本)을 보여주셨기 때문이다

"예수께서 이르시되 나의 양식은 나를 보내신 이의 뜻을 행하며 그의 일을 온전히 이루는 이것이니라"(요 4:34).

"나를 보내신 이의 뜻을 행하며 그의 일을 온전히 이루는 이것"은 무엇인가? 순종이다. 예수님은 순종이 나의 양식이라고 말씀하셨다. 이처럼 예수님은 순종을 매우 중요하게 여기셨다. 또한 요한복음 8장 29절을 보면 예수님께서는 '하나님이 무엇을 기뻐하실까?'를 늘 생각하셨고, 하나님이 기뻐하시는 일이라면 기꺼이 순종하셨다. 그 대표적인 일이 십자가의 길을 걸어가신 것이다. 예수님은 겟세마네 동산에서 "내 아버지여, 만일 할 만하시거든 이 잔을 내게서 지나가게 하옵소서. 그러나 나의 원대로 마시옵고, 아버지의 원대로 하옵소서"(마 26:39)라고 기도하셨다. 예수님은 고난을 원하지 않으셨지만 하나님의 뜻이기에 순종하여 십자가에서 고통당하시고 죽으셨다. 이렇게 예수님은 순종의 본을 보여주셨다.

대학을 졸업한 후에 짧지 않은 군 생활을 마칠 때쯤에 하나님의 소명을 받고, 순종하여 신학교에 들어갔다. 목회자가 된다는 큰 부담은 있었지만 하나님의 부르심에 곧바로 순종했던 것은 하나님의 뜻이라는 확신이 있었기 때문이다. 그리고 하나님의 뜻에는 반드시 순종해야 한다고 배웠기 때문이다.

발명왕 토머스 에디슨은 소리를 녹음하고 재생하는 기계를 만들기 위해 연구한 끝에 드디어 설계도를 완성했다. 그리고 곧 기술자를 불러 그 설계도를 보여주며 "되도록 빨리 만들어 달라"고 부탁했다. 그런데 그 기술자는 "이대로 기계를 만들어도 소리를 재생하는 것은 불가능하다"고 했다. 그때 에디슨이 설계도를 그의 손에 쥐어 주며 말했다. "자네는 여기 나온 설계도대로만 만들어 주면 되네. 작동을 하고, 안 하고는 내가 알아서 할 일이네." 그래서 축음기가 만들어졌다.

성도는 말씀에 따라 순종하면 된다. 그 결과는 하나님이 알아서 하신다. 예수님이 본을 보여주셨던 것처럼 성도는 순종하면 된다.

## 사랑하기 때문이다

"너희가 나를 사랑하면 나의 계명을 지키리라"(요 14:15).

"계명을 지킨다"는 말은 '순종한다'는 뜻이다. 순종의 이유는 사랑이다. 예수님을 사랑하면 순종하게 되어 있다. 사랑과 순종은 나무와 열매의 관계이다. 불가분의 관계Inseparable relation이다. 이 둘은 떼어놓을 수 없다.

한번 생각해 보라. 남편이나 아내의 뜻에 따르고 싶을 때가 언제인가? 나를 사랑해 줄 때인가, 아니면 그의 말이 옳다고 여겨질 때인가, 아니면 내가 그를 사랑할 때인가? 정확한 답은 세 번째이다. 내가 사랑하면 그의 뜻에 따른다. 이처럼 사랑하기 때문에 순종하는 것이다. 이러한 순종에는 아무런 부담이 없다. 그냥 즐겁고 기쁘다.

아침마다 큐티를 하고, 주신 말씀에 따라 순종하는 것은 예수님을 사랑하기 때문이다. 새벽마다 기도를 드리고 수요일과 주일마다 예배드리는 것도, 교회에서 봉사하고 전도와 선교하는 것도 예수님을 사랑하기 때문이다.

순종하면 주어지는 은혜가 무엇인가?

요한복음 14장 21절을 보면, 하나님께 사랑을 받고, 예수님도 그를 사랑하여 그에게 자신을 나타내실 것이라고 약속하셨다. "자신을 나타낸다"는 말은 '축복해 준다'는 뜻과 '인격적으로 더 깊은 교제를 나눈다'는 뜻이다. 예수님은 순종하면 이와 같은 은혜를 베풀어 주겠다고 약속하셨다.

옛말에 "열 손가락 깨물어 아프지 않은 손가락이 없다"고 했다. 어느 손가락을 깨물어도 똑같이 아프듯 부모가 자식을 사랑하는 마음도 열 명에게 모두 똑같다는 뜻이다. 그러나 실제로는 그렇지 않다. 미국 퍼듀 대학교의 사회학자 질 수이터Jill Suitor 교수는 약 20년간 부모가 가장 아끼는 자녀가 있음을 밝히기 위해 연구한 결과 어머니의 70%, 아버지의 65%가 자녀 중 한 명을 유독 선호한다고 말했다. 그중에서도 어머니는 장남을, 아버지는 막내딸을 선호하는 경향이 뚜렷했고, 특히 외모와 지능, 그리고 태어난 순서가 선호도에 큰 영향을 미친다고 말했다. 그러나 이러한 연구 결과를 뛰어넘는 것이 하나 있다. 그것은 순종하는 자녀이다. 부모는 누구보다 순종하는 자녀를 더 사랑하고, 사탕 하나라도 더 주려고 한다.

이삭은 순종하는 사람이었다. 그의 아버지 아브라함이 하나님의 말씀에 순종한 것처럼 그도 아버지 아브라함의 말씀에 순종했다. 창세기 22장을 보면, 하나님은 아브라함을 시험하시려고 그를 불러 "네 아들 네 사랑하는 아들 이삭을 데리고 모리아 땅으로 가서 그를 번제물로 바치라"고 말씀하셨다. 그때에 이삭은 아버지와 함께 번제에 쓸 나무를 준비하여 하나님이 약속하신 곳까지 사흘 길을 걸어갔다. 도중에 그가 아버지에게 물었다. "아버지, 불과 나무는 있거니와 번제할 어린 양은 어디 있습니까?" 그때 아버지 아브라함이 말했다. "내 아들아, 번제할 어린 양은 하나님이 자기를 위하여 친히 준비하실 것이다." 아마도 이때 이삭은 자신이 번제물이 될 수 있다고 직감했을 것이다. 그렇지만 그는 묵묵히 아버지를 따라 모리아 산까지 갔다. 그곳에 도착한 아버지는 번제단을 쌓았고, 이제 아들을 결박하려고 했다. 아들을 제물로 바치겠다는 아버지의 마음이 드러난 것이다. 그때 이삭은 어떻게 했는가? 얼마든지 힘으로 아버지를 뿌리칠 수 있었지만 그렇게 하지 않았다. 그는 묵묵히 순종했고, 결박을 당하여 제단 위에 올려졌다. 이렇게 이삭이 순종했던 것은 이 모든 것이 하나님의 뜻인 것을 알았기 때문이다. 하나님은 이러한 이삭에게 복을 주셨다. 그가 농사하여 백 배의 수확을 얻었고, 마침내 큰 부자가 되었다(창 26:12-13).

 예수님을 사랑하면 순종한다. 순종하면 하나님이 복을 주신다.

## 믿음의 증거이기 때문이다

"내 형제들아 만일 사람이 믿음이 있노라 하고 행함이 없으면 무슨 유익이 있으리요 그 믿음이 능히 자기를 구원하겠느냐"(약 2:14).

믿는 사람은 순종한다. 앞에서 말한 것처럼 순종이 믿음의 증거이기 때문이다. 흔히 성도들이 믿음의 중요성은 인정하면서도 순종의 가치를 과소평가하는 경향이 있다. 믿기만 하면 구원받는데, 순종이 뭐 그리 대단한 것이냐고 반문한다. 심지어 순종을 강조하는 것은 믿음의 중요성을 깎아내리는 것이라고 비난하기도 한다. 그래서 종교개혁자 마르틴 루터는 야고보서를 "지푸라기 서신"the letter of straw이라고 말했다. 그것은 오직 믿음과 은혜를 강조한 바울서신에 비해 행함을 강조하기 때문이었다.

그러나 야고보는 이에 대해 "만일 사람이 믿음이 있노라 하고 행함이 없으면 무슨 유익이 있겠느냐? 그 믿음이 능히 자기를 구원하겠느냐?"라고 말했다. 결국 믿음이 있어도 행함이 없다면 구원을 받지 못한다는 말이다. 왜냐하면 믿음이 행함보다 선행하지만 행함은 믿음의 증거이기 때문이다.

야고보서 2장 15-17절에도 보면, "만일 형제나 자매가 헐벗고 일용할 양식이 없는데 너희 중에 누구든지 그에게 이르되 평안히 가라, 덥게 하라, 배부르게 하라 하며 그 몸에 쓸 것을 주지 아니하면 무슨 유익이 있으리요"라고 말했다. "행함이 없는 믿음은 그 자체가 죽은 것이라"는 말이다. 이처럼 순종이 없으면 그 믿음은 죽은 것이다.

어떤 사람에게 두 아들이 있는데, 맏아들에게 가서 "얘, 오늘 포도원에 가서 일해라"고 했더니 그는 "가겠다"고 대답하고 나서 가지 않았다. 둘째 아들에게 가서 또 그와 같이 말했더니 그는 "싫다" 했다가 나중에 뉘우치고 갔다(마 21:28-31). 예수님은 이 비유에서 순종하는 자가 천국에 들어간다고 말씀하셨다.

마태복음 7장 21절에서도 예수님은 "나더러 주여 주여 하는 자마다 다 천국에 들어갈 것이 아니요 다만 하늘에 계신 내 아버지의 뜻대로 행하는 자라야 들어가리라"고 말씀하셨다. 천국은 "주여! 주여!" 말만 한다고 들어가는 것이 아니라 하나님의 뜻대로 순종하는 자가 들어간다는 것이다. 순종이 믿음의 증거이기 때문이다.

마태복음 7장 24-27절에서 예수님은 집 짓는 자의 비유를 말씀하셨다. 반석 위에 집을 지은 자와 모래 위에 집은 지은 자에게는 공통점과 차이점이 있다. 둘 다 말씀을 들은 것은 공통점이다. 그러나 행함과 그에 따른 결과는 차이점이다. 지혜로운 사람은 말씀을 듣고 순종했지만 어리석은 사람은 말씀을 듣고도 불순종했다. 그 결과, 순종한 사람은 비가 내리고 창수가 나고 바람이 불 때에 그 집이 무너지지 않았다.

그러나 불순종한 사람은 그 무너짐이 심했다.

예수님이 이 비유를 말씀하신 까닭은 무엇인가?

그것은 하나를 선택하라는 것이다. 반석 위에 집을 지을 것인지, 아니면 모래 위에 집을 지을 것인지를 선택하라는 말이다. 순종하며 살 것인지, 불순종하며 살 것인지를 선택하라는 뜻이다. 우선은 불순종이 순종보다 편해 보이고, 희생이 적은 것처럼 보인다. 하지만 위기가 닥치면 불순종이 피해가 훨씬 더 크다는 것을 알아야 한다. 평안할 때는 어떤 사람이 순종하는 사람인지, 불순종하는 사람인지 분별하기 어렵다. 삶의 위기가 닥치기 전에는 알 수 없다. 그러나 예기치 않은 위기의 상황에 처하면 그 기초는 다 드러난다. 반석 위에 집은 지은 사람인지, 모래 위에 집을 지은 사람인지 증명된다.

그런데도 사람들은 착각한다. 자기는 순종하는 사람이라고, 반석 위에 집을 지은 사람이라고 말이다. 자신의 믿음이 엉터리인 줄도 모르고 마음 놓고 교회를 드나든다. 그러나 위기의 상황이 닥치면 분별이 된다.

신명기의 주제는 한 마디로 '순종'이다.

출애굽한 이스라엘 백성이 광야 40년 동안 불순종했다. 그로 인해 출애굽 세대는 모두 광야에서 죽었고, 광야에서 태어난 출애굽 2세대가 가나안 땅에 들어가게 되었다. 그때에 지도자 모세가 모압 평지에서 가나안 땅 점령을 앞둔 그 백성에게 가나안 땅에 들어가 하나님의 말씀에 순종할 것을 당부했다.

"네가 네 하나님 여호와의 말씀을 삼가 듣고 내가 오늘 네게 명령하는 그의 모든 명령을 지켜 행하면 네 하나님 여호와께서 너를 세계 모든 민족 위에 뛰어나게 하실 것이라"(신 28:1).

곧 순종하면 복을 받는다는 것이다.

세상 사람들은 복받는 다양한 방법을 말한다. "근면 성실해야 한다", "남다른 사고를 하고, 독특한 아이디어를 개발해야 한다." 이것이 비결이라고 가르친다. 그러나 하나님이 가르쳐 주신 비결은 말씀을 묵상하고, 말씀에 순종하는 것이다.

한홍 목사의 《하나님이 내시는 길》이라는 책을 보면, 중국 알리바바 그룹의 창업자인 마윈Jack Ma 회장에 대해 소개하고 있다. 그는 명문대를 나오지 않았고, IT 분야를 전공하지도 않았다고 한다. 그는 가난한 집안에서 자란 평범한 영어 강사였다. 그런 그가 창업 15년 만에 중국을 넘어, 세계를 집어삼키는 사람이 되었다.

그가 미국 스탠퍼드 대학에서 강의할 때 이렇게 말했다고 한다. 자신의 성공비결은 '돈, 기술, 계획', 이 세 가지의 부재였다는 것이다. 돈이 없었기에 돈으로 해결할 문제를 치열하게 고민하며 아이디어와 노력으로 응전해야 했고, 기술이 없었기에 능력 있는 기술자를 존중하고 우대했다는 것이다. 또한 계획이 없었기에 변화하는 시장에 발빠르게 대처하는 유연성을 갖출 수 있었다는 것이다.

가진 것이 없다고 길이 막히는 것은 아니다. 하나님은 빈털터리 난민에 불과했던 이스라엘을 젖과 꿀이 흐르는 가나안 땅으로 인도하셨다. 그때 이스라엘은 가진 것이 없었기에 하나님이 보여주신 길로만 갔다(출 40:38). 순종하면 눈앞의 상황이 아무리 어려워도 하나님은 반드시 아름다운 미래를 열어주실 것이다. 그러므로 순종하는 성도가 되어야 한다.

삶2

# 섬김

오스트리아의 정신과 의사였던 알프레드 애들러<sup>Alfred Adler</sup> 박사는 우울증 환자를 치료할 때 자주 이런 처방을 내렸다고 한다. "매일 남을 기쁘게 하기 위해 무슨 일을 해야 할지 그것만 골똘히 생각하고 실천해 보세요. 2주 동안만 그렇게 하면 당신의 병은 깨끗이 나을 것입니다." 실제로 그렇게 해서 많은 사람이 우울증에서 고침 받았다고 한다.

요즘은 마음의 병을 앓고 있는 분들이 꽤 많다. 괜히 짜증을 부리고, 불만스럽게 말하고, 남을 원망하며, 쉽게 용서하지 못한다. 그 이유는 이기주의가 그 마음에 뿌리를 내리고 있기 때문이다. 자기만을 위해서 살면 그의 곁에는 사람이 없어진다. 그러다 보면 마음에 병이 생긴다.

그러면 병든 마음을 어떻게 고칠 수 있는가? 남을 위해 살면 된다. 남을 섬기다 보면 마음에 병이 사라진다. 마음의 병이 생길 틈이 없어진다.

오랫동안 신앙생활을 하고, 직분을 가진 성도 중에 남을 가르치기는 잘하는데, 정작 섬김의 자리에 보이지 않는 분들이 있다. 이런 사람은 예수님이 말씀하신 율법주의자와 다름없는 위선자와 같다(마 23:1-7). 믿는 성도는 섬김의 자리에 있어야 한다. 왜냐하면 그것이 믿음의 증거이기 때문이다.

제자들 사이에서 "누가 크냐?"는 다툼이 일어났다(눅 22:24). "크다"는 말은 '사랑을 많이 받는다'는 뜻이다. '누가 사랑을 많이 받는 제자인가?' 하는 다툼이 일어난 것이다. 이것은 높아지기 위한 자리다툼이었다. 이 시기는 그들이 제자가 된 지 약 3년쯤이었는데, 결코 짧지 않은 시간 동안 예수님과 동고동락하며 제자훈련을 받았지만 그들은 인격과 삶이 변화되지 않았다. 섬기려 하기보다 오히려 높아지려고만 했다. 섬김은 그들에게도 쉽지 않은 영역이었다.

## 왜 섬겨야 하는가?

> "예수께서 이르시되 이방인의 임금들은 그들을 주관하며 그 집권자들은 은인이라 칭함을 받으나 너희는 그렇지 않을지니 너희 중에 큰 자는 젊은 자와 같고 다스리는 자는 섬기는 자와 같을지니라"(눅 22:25-26).

예수님은 자리다툼을 하고 있는 제자들에게 "이방인의 임금들과 집권자들은 그들을 주관하고, 은인(恩人, 선한 일에 힘쓰는 자)이라 칭함을 받지만 제자는 그렇게 하면 안 된다"고 말씀하셨다. 강한 통치와 억압으로 높임 받으려 하지 말고, 오히려 낮은 자리에서 섬기는 자가 되라고 말씀하셨다. 이것은 공동체를 바르게 세우는 데 필수적인 요소이다. 또한 예수님은 "앉아서 먹는 자가 높고, 서서 섬기는 자가 낮지만 나는 섬기는 자로 너희 중에 있다"고 말씀하셨다(27절). 이것은 예수님이 오신 목적이다.

　마가복음 10장 45절에도 보면, "인자가 온 것은 섬김을 받으려 함이 아니라 도리어 섬기려 하고 자기 목숨을 많은 사람의 대속물로 주려 함이니라"고 말씀하셨다.

　이처럼 예수님은 섬기는 자로 오셨고, 자신을 많은 사람의 대속물로 주려고 오셨다. 얼마든지 섬김을 받을 자격이 있는 분이시지만 그렇게 하지 않으셨다. 왜냐하면 섬김으로부터 참된 권위가 나오기 때문이다.

　예수님은 어떻게 섬겼는가?

　모든 사역이 섬김이었다. 그 첫 번째 사역이 성육신이었다. 하나님이신 예수님이 사람의 몸을 입고 이 땅에 오셨다. 높은 보좌를 버리고, 낮은 자리로 내려와서 섬김의 삶을 사셨다. 보냄 받은 사명을 섬김으로 감당하셨다. 그 마지막 모습이 제자들의 발을 씻기신 것이다. 예수님은 당연히 섬김을 받으셔야 할 분이었지만 제자들의 발을 씻기시며 친히 섬김의 본을 보여주셨다(요 13:14). 그런 후에 십자가에 못 박혀 죽으셨다. 이것은 섬김의 클라이맥스였다.

유니온약품 그룹의 안병광 회장은 말단 영업사원에서 출발하여 굴지의 의약품회사 오너$^{Owner}$가 된 인물이다. 오늘의 그가 있기까지 그의 인생을 이끌어 온 삶의 정신은 '병이 되자'이다. 비즈니스 세계에는 갑을 관계가 존재한다. 을에게는 갑보다 무서운 존재는 없다. 갑의 위력과 을의 서러움을 절감한 사람일수록 갑의 자리에 오르려고 몸부림친다.

그런데 안병광 회장은 을도 아닌 병의 자리에서 살았다. 수줍음 많은 성격으로, 거래처를 다니며 얼마나 많은 설움과 애환을 겪었는지…. 그럴 때마다 그는 "나그네 설움"의 한 대목을 부르면서 스스로 낮아지고, 고객을 왕처럼 진심으로 대했다. 어쩔 수 없이 약자가 된 사람은 마음속에 울분이 쌓여 진심으로 사람을 대할 수 없다. 자신의 자존심을 꺾는 사람들에게 반감을 갖는다. 그러나 스스로 낮춘 사람은 초연한 마음으로 진실된 섬김을 실천할 수 있다. 안병광 회장의 성공은 바로 이 진실된 섬김에서 나온 것이었다.

흔히 비즈니스 세계에서 성공하려면 "고객이 감동하기까지 섬기라"고 말한다. 일시적인 서비스로는 감동받기 힘들다. 그런데 예수님은 제대로 병이 되셨다.

오늘날 교회 안은 어떠한가? 자기를 낮추고 섬기려는 자가 많지 않다. 어떤 직분을 맡았으면 목에 힘을 주고 자기를 과시하려는 우스운 꼴을 보게 된다. 이런 사람은 아직 예수님을 알지 못하는 사람이다. 예수님은 섬김으로 권위를 인정받으셨다. 성도도 섬김으로 권위를 인정받아야 한다.

## 섬김의 기본자세는 무엇인가?

"서로 대접하기를 원망 없이 하고 각각 은사를 받은 대로 하나님의 여러 가지 은혜를 맡은 선한 청지기 같이 서로 봉사하라"(벧전 4:9-10).

**1) 원망 없이 섬겨야 한다**

섬기는 일을 하다 보면, 종종 원망하는 일이 발생한다.

초대교회 당시에 가난한 성도들과 순회전도자들을 대접하는 일은 보통 문제가 아니었다. 더욱이 어떤 지역에든지 박해받는 일이 생기면 대접하고 도와야 할 대상이 갑작스레 많아져서 섬기다가 성도들끼리 서로 원망하는 일이 발생했다. 그 이유는 첫째로 은혜를 받지 못한 채 일만 하기 때문이다. 봉사하기 이전에 먼저 말씀을 통해 은혜를 받아야 한다. 은혜가 없으면 원망하고 불평하게 된다.

누가복음 10장 40절에도 보면, 마르다는 예수님이 오셨을 때 기쁨으로 맞이한 후에 음식을 준비했지만 동생 마리아는 예수님 발치에 앉아 말씀만 들었다. 그때 준비하는 일로 마음이 분주했던 마르다가 예수님께 마리아가 돕지 않는 것을 원망했다. 그것은 은혜를 받지 못한 채 일했기 때문이다.

둘째는 자기만 일한다고 생각하기 때문이다. 섬기는 일을 하면서도 다른 사람이 놀고 있는 모습을 보면 원망하고 불평하게 된다. 교회 안에서도 이러한 원망과 불평의 소리가 종종 들린다. 그것은 자기만 일한다고 생각하기 때문이다.

셋째는 격려와 지지가 없기 때문이다. 섬김은 칭찬을 받으려고 하는 것은 아니지만 사람들로부터 지지받고 인정받지 못하면 원망하고 불평하게 된다.

섬김의 기본자세는 원망이 없어야 한다.

### 2) 은사대로 섬겨야 한다

은사는 성령님이 우리에게 주신 것으로, 그 목적은 남을 섬기는 데 있다.

고린도전서 12장 8-10절을 보면, 성령의 아홉 가지 은사에 대해서 말했다. 지혜의 말씀, 지식의 말씀, 믿음, 병 고치는 은사, 능력 행함, 예언함, 영 분별함, 각종 방언, 방언의 통역이다. 이외에도 성령은 우리에게 다양한 은사를 주셨다. 우리의 타고난 성품과 재능까지도 모두 성령이 주신 은사이다. 그래서 우리는 받은 은사대로 섬겨야 한다.

가르침의 은사를 받은 사람은 교사로 섬겨야 하고, 찬양의 은사를 받은 사람은 찬양대로 섬겨야 하고, 주방봉사, 안내봉사, 차량봉사의 은사를 받은 사람은 그 일로 섬겨야 한다. 실제로 어떤 집사님은 임직을 받은 후에 차량 관리를 잘할 수 있으니 그곳에서 봉사하게 해달라고 말했다. 또 어떤 권사님은 주방봉사를 잘할 수 있으니 그곳에서 봉사하게 해달라고 말했다. 왜냐하면 그것이 은사였기 때문이다.

하나님은 누구에게나 은사를 주셨다. 성도는 받은 은사를 알고, 은사대로 섬겨야 한다.

### 3) 선한 청지기같이 섬겨야 한다

청지기는 본래 집안의 재산을 관리하는 하인을 말하는데, 선한 청지기는 이러한 일을 잘하는 사람을 말한다. 성도는 선한 청지기같이 섬겨야 한다. 베드로전서 4장 11절을 보면, 만일 말을 하려면 자기의 말이 아니라 하나님의 말씀을 전하는 것같이 하고, 봉사하려면 자기 능력을 과시하지 말고 하나님이 공급하시는 힘으로 하라고 했다. 그렇지 않으면 섬김이 자랑이 되고, 공로 의식에 빠지게 된다.

가끔 순수하고 겸손한 마음으로 봉사를 시작했다가 어느 순간에 습관화가 되어 타성에 빠져 버리는 경우가 있다. 그러다 보면 섬김 자체가 권위가 되고, 섬김에서 얻어진 경험이 오히려 하나님을 불신하는 요인으로 작용하게 된다.

한 교회에서 같은 장로의 직분을 가졌지만 한쪽은 칭찬을 받았고, 다른 한쪽은 무서운 책망을 받은 두 사람의 이야기가 있다(요삼 1:5-10). 칭찬 받은 사람은 가이오이다. 그는 소아시아 교회의 신실한 장로였고, 교회를 찾아오는 여러 나그네, 특히 무명의 방랑전도자들을 자기 재산으로 극진히 섬겼던 사람이다. 이렇게 대접을 받고 간 자들은 가는 곳곳마다 소아시아 교회의 가이오 장로를 칭찬했다.

책망 받은 사람은 디오드레베이다. 그도 같은 소아시아 교회의 장로였지만 으뜸 되기를 좋아했고, 순회전도자들을 박해하며, 이들을 돕는 성도들까지 교회에서 쫓아내었다. 심지어 교회의 지도자인 사도 요한을 비판했고, 다른 지도자들을 공격하기도 했다. 이처럼 디오드레베는 자기 마음대로 교회를 움직이려는 장로였다.

소아시아 교회의 이 두 지도자를 보면 어떤 생각이 드는가? 우리는 가이오와 같은 선한 청지기가 되어야 한다.

## 섬기는 자에게 주시는 약속은 무엇인가?

### 1) 높여 주신다

> "누구든지 자기를 높이는 자는 낮아지고 누구든지 자기를 낮추는 자는 높아지리라"(마 23:12).

섬기려면 자신을 낮추어야 하므로 때로는 감정이 상하고, 자존심도 포기해야 하는 경우가 있다. 그러나 어떤 상황에서도 인내를 가지고 꾸준히 섬길 수 있는 것은 하나님이 나를 높여 주신다는 확신이 있기 때문이다.

### 2) 상을 주신다

"또 누구든지 제자의 이름으로 이 작은 자 중 하나에게 냉수 한 그릇이라도 주는 자는 내가 진실로 너희에게 이르노니 그 사람이 결단코 상을 잃지 아니하리라 하시니라"(마 10:42).

"이 작은 자 중 하나"는 보잘것없는 사람을 말하고, "냉수 한 그릇"은 보잘것없는 것을 가리킨다. 예수님은 보잘것없는 사람에게 보잘것없는 것으로 섬겨도 하나님이 반드시 기억하고 상을 주실 것이라고 말씀하셨다.

성도는 높은 사람만이 아니라 보잘것없는 사람도 돌보고 섬길 수 있어야 한다. 남이 기피하는 봉사, 연약한 사람을 돌보는 봉사가 필요하다. 사역훈련 중에 섬김의 삶에 대한 실습으로 중증장애인 시설인 '영락 애니아의 집'에서 봉사하는 시간이 있다. 이것은 예수님의 제자로서 반드시 실천해야 하는 일이기 때문이다. 이처럼 예수님은 "누구든지 제자의 이름으로 이 작은 자 중 하나에게 냉수 한 그릇이라도 주는 자는 결단코 상을 잃지 아니하리라"고 하셨다.

### 3) 풍성하게 복을 주신다

"주라 그리하면 너희에게 줄 것이니 곧 후히 되어 누르고 흔들어 넘치도록 하여 너희에게 안겨 주리라 너희가 헤아리는 그 헤아림으로 너희도 헤아림을 도로 받을 것이니라"(눅 6:38).

예수님은 비판하지 말고, 용서할 것을 교훈하신 후에(눅 6:37) 남을 섬기라고 말씀하셨다. 섬김은 손해를 보는 것 같지만 결코 그렇지 않다. 하나님이 반드시 채워 주시기 때문이다. 하나님은 물질이나 시간뿐 아니라 그 이상의 것도 넉넉히 채워 주신다. 심지어 후히 되어 누르고 흔들어 넘치도록 안겨 주신다. 이것을 섬김의 4중적(후히 되어, 누르고, 흔들어, 넘치도록) 축복이라고 말한다. 이와 같이 하나님은 섬기는 자에게 풍성하게 복을 주실 것이라고 약속하셨다.

### 4) 생명의 관을 주신다

"네가 죽도록 충성하라 그리하면 내가 생명의 관을 네게 주리라" (계 2:10).

예수님은 죽도록 충성하면 생명의 관을 주신다고 말씀하셨다. 섬김의 복은 세상에서만 받는 것이 아니라 천국에서도 받는다. 물질적인 복뿐만이 아니라 우리가 알지 못하는 놀라운 영적인 복도 받는다.

신학자 칼 바르트Karl Barth는 "섬김의 삶은 자기의 목적이나 계획이 있음에도 불구하고 교회의 필요와 의도와 지시에 따라 행동할 때의 의지$^{will}$와 수고$^{working}$와 행동$^{doing}$이다"라고 정의했다. 이처럼 섬김은 믿음의 증거이고, 성도가 걸어가야 할 신앙의 발걸음이다.

삶3

# 복음 증거

한국교회를 어렵게 하고 위기로 몰아가는 여러 가지 요인들이 있다. 교인들의 감소와 재정위기, 성도들의 생활 패턴의 변화와 사회의 급속한 문화와 세계관의 변화, 그리고 교회에 대한 적대적인 세력들과 교인들을 상대로 미혹하는 이단들의 은밀한 활동 등이다. 이 모든 어려움은 현재 한국교회가 힘을 모아 극복해야 할 문제이지만 그중에서도 이단들은 복음 증거에 직접적인 방해요소가 된다는 점에서 시급히 대응해야 할 문제이다.

이단이란 무엇인가?

문자적으로는 '옳지 않다'는 뜻이다. 정통교회에서 가르치는 말씀과 교리에서 벗어난 자들이다. 이러한 이단에는 몇 가지의 특징이 있다.

첫째는 사기적 집단이다. 이것은 지나친 표현이 아니다. 사기 치는 사람들이 대부분 그렇듯이 이단들은 자신의 신분을 숨기고 접근한다. "나는 신천지에 다니고 있습니다. 나는 구원파에 소속되어 있습니다. 나는 통일교 교인입니다. 나는 ○○

에 다니고 있습니다"라고 솔직하게 말하지 않는다. 그들은 사기꾼들이 작전하듯이 접근한다. 우연히 만난 것처럼 보이지만 실제로는 사전각본에 의한 것이다. 그들이 베푸는 친절도 거짓을 가장한 친절이고, 오랫동안 연습한 연기이다.

둘째는 반사회적 집단이다. 그들은 사회의 공공이익이나 개인의 행복에는 관심이 없다. 오로지 자신들의 세력을 확장하고, 교주의 사익을 챙기는 것이 목적이다. 그리고 그들은 주로 문화예술 활동과 스포츠 행사로 포장하여 세력을 과시하기도 한다.

셋째는 비기독교적 집단이다. 그들은 성경을 사용하지만 성경의 예수님을 믿지 않고, 그들의 교리를 바탕으로 교주를 추종한다. 정통교회에서 가르치는 성경해석은 잘못된 것이라고 공격하고, 비유풀이와 직통계시, 사도, 보혜사의 가르침, 영적 해석 등으로 성경을 왜곡하여 해석한다.

이단에 어떻게 대처해야 하나?

첫째는 성경말씀과 복음의 진리를 제대로 알아야 한다. 교회 안에서 성경공부를 하고, 제자훈련을 통해 인격과 삶의 변화를 이루어야 한다. 그러면 이단을 분별하고, 능히 대처할 수 있다.

둘째는 관용을 베풀지 말아야 한다. 이단은 마귀요, 사탄이기에 한두 번 훈계한 후에 쫓아내어야 한다(딛 3:10).

셋째는 복음을 증거해야 한다. 복음 증거는 구원의 확신을 나타내는 증표이다.

## 왜 복음 증거를 해야 하는가?

"모든 것이 하나님께로서 났으며 그가 그리스도로 말미암아 우리를 자기와 화목하게 하시고 또 우리에게 화목하게 하는 직분을 주셨으니"(고후 5:18).

복음을 증거해야 하는 이유는 사명이기도 하지만 하나님이 우리에게 화목하게 하는 직분을 주셨기 때문이다. "화목하게 한다"는 것은 하나님과 인간(불신자)의 관계를 말한다. 그런데 사도 바울은 이 말씀에서 우리에게 "복음 증거자로 직분을 주었다"라고 말하지 않고, "화목하게 하는 직분을 주었다"라고 말했다. 그 이유가 무엇인가? 그것은 복음 증거가 하나님과 원수 된 인간의 관계를 풀어 주는 일이고, 구약의 제사장들처럼 하나님과 인간의 관계를 화목하게 하는 직분이기 때문이다. 하나님은 우리에게 이러한 특권을 주셨다. 이 얼마나 큰 특권인가! 하나님은 이러한 특권을 특정한 사람에게만 맡겨 주지 않고, 모든 믿는 자들에게 맡겨 주셨다. 어떻게 맡겨 주셨는가?

고린도후서 5장 19절을 보면, "화목하게 하는 말씀"을 우리에게 맡겨 주셨다. 이것은 곧 복음이다. 복음은 예수님이 우리의 화평이시고, 하나님과 우리 사이에 막힌 담을 허시며, 사람들 사이에 막힌 담까지도 십자가로 화평하게 하신 것이다(엡 2:14-16).

우리는 복음을 증거해야 한다. 혼자 복음을 독점하기보다 다섯 달란트와 두 달란트를 받은 종처럼 함께 나누어 갑절이나 남겨야 한다(마 25:19-23). 만약 죽어 가는 자를 살릴 수 있는 특효약이 있는데도 눈으로 보고만 있다면 이것은 한 달란트를 땅에 묻어 둔 악한 종과 같다(마 25:24-30).

## 어떻게 복음 증거를 해야 하는가?

### 1) 마음가짐이다

복음 증거는 입으로만 하는 것이 아니다. 반드시 두 가지가 선행되어야 한다. 첫째는 마음가짐이다. 이것은 말로 전하는 복음 증거 못지않게 매우 중요하다.

(1) 불쌍히 여겨야 한다.

> "무리를 보시고 불쌍히 여기시니 이는 그들이 목자 없는 양과 같이 고생하며 기진함이라"(마 9:36).

예수님은 무리를 보고 불쌍히 여기셨다. 이것은 인간의 연약함을 불쌍히 여기시고, 동정하셨다는 의미이다. 예수님이 이같이 무리를 불쌍히 여기신 이유는 그들이 목자 없는 양처럼 고생하며 기진한 것을 보셨기 때문이다. 그들은 영적으로 고통하며 방황했다. 목자 없는 양이 어디로 가야 할지 알지 못하고, 먹을 것과 마실 것을 찾지 못해 방황하는 것처럼 무리는 인생의 참된 행복과 영생의 길을 찾지 못해 헤매고 있었다.

인생의 참된 행복과 영생의 길을 찾지 못하면 방황하게 된다.

흔히 "인생의 방황은 예수님을 만나면 끝나고, 신앙의 방황은 좋은 교회를 만나면 끝난다"라고 말한다. 아무리 넓은 집에서 살고, 많은 것을 누리며 산다고 하더라도 예수님을 만나지 못하면 그의 삶은 공허할 수밖에 없다. 더욱이 그는 죄로 인해 심판을 받고, 영원히 멸망할 수밖에 없다. 얼마나 불쌍한 인간인가!

불쌍한 마음이 들면, 복음 증거에 자신감이 붙는다.

그런데 만약 불쌍히 여기는 마음이 아니라 부러운 마음이 들면 복음 증거에 부담감을 가질 수밖에 없다. 나보다 좋은 집에서 살고, 부자인 것이 부러우면 그 사람 앞에서 나는 초라해질 수밖에 없다. 그러나 예수님은 그를 알지 못하는 무리를 보고 불쌍히 여기셨다. 빈부귀천, 지위고하를 막론하고 예수님을 믿지 않는 사람은 모두 불쌍한 사람이다. 복음 증거는 불쌍한 마음에서 시작된다.

(2) 희생을 각오하라.

"나의 형제 곧 골육의 친척을 위하여 내 자신이 저주를 받아 그리스도에게서 끊어질지라도 원하는 바로라"(롬 9:3).

사도 바울은 자신에게 큰 근심과 마음에 그치지 않는 고통이 있는 것을 말한 후에 이것은 거짓말이 아니라 참말이라고 말했다(롬 9:1-2). 바울에게 있는 큰 근심과 그치지 않는 고통은 무엇이었는가? 그것은 형제 곧 골육의 친척인 그의 동족을 구원하는 일이었다. 이것이 바울에게 근심과 고통이 되었던 것은 그의 전도의 대상인 이방인들은 예수님을 믿고 구원을 받는데, 그의 동족인 유대인들은 예수님을 거부하였기 때문이다.

이러한 바울의 근심과 고통은 약한 것이 아니라 아주 큰 것이었고, 일시적인 것이 아니라 그치지 않는 지속적인 고통이었다. 이처럼 바울은 자기 동족이 구원받지 못함을 안타깝게 여겼다. 그래서 동족이 구원받는 것은 "내가 저주를 받아 그리스도에게서 끊어질지라도 원하는 바라"고 말했다. 바울은 동족의 구원을 위해 자신의 육체적 생명뿐만 아니라 영적 생명까지도 다 내어놓겠다고 말했다. 사도 바울은 자기 동족을 구원하기 위해 희생할 각오가 되어 있었다. 복음 증거를 위해서는 이러한 마음가짐이 필요하다.

어떤 사람이 횡단보도 앞에 기운이 없어 보이는 한 노인을 지켜보며 도움이 필요한 듯하여 그 노인과 함께 길을 건너기로 마음을 먹었다. 드디어 신호가 바뀌고, 그는 노인을 붙잡고 길을 건너려고 했다. 그런데 예상 밖으로 노인은 완고하게 힘쓰며 버렸고, 노인을 붙잡고 있던 그가 말했다. "지금 빨리 길을 건너야 합니다. 함께 건너가세요." 그러자 노인이 말했다. "대체 왜 나를 끌고 가려고 해요?" 그가 "지금 가야 길을 건널 수 있어요!"라고 하자 노인이 대답했다. "나는 지금 건널 필요가 없어요. 잠시 쉬고 있는 중이에요."

이것은 어쩌면 우리의 잘못된 전도 형태를 지적한 것이라고 볼 수도 있다. 상대가 어떤 상태인지, 무엇이 필요한지, 무엇을 해줘야 하는지 묻지도 않고, 일방적으로 자기 생각과 판단에 동참하기를 바라는 행위이다. 그러나 분명한 것은 상대에 대한 이해와 배려도 해야 하지만 무관심은 절대로 안 된다. 복음 증거를 위해 헌신할 각오를 해야 한다.

### 2) 인정(認定)받는 삶이다

복음 증거를 위해 반드시 선행되어야 할 두 번째 덕목은 인정받는 삶이다. 이것 역시 말로 전하는 복음 증거 못지않게 매우 중요하다.

#### (1) 착한 행실을 보이라.

> "이같이 너희 빛이 사람 앞에 비치게 하여 그들로 너희 착한 행실을 보고 하늘에 계신 너희 아버지께 영광을 돌리게 하라"(마 5:16).

여기서 "빛"은 착한 행실을 말하고, "그들"은 믿지 않는 불신자들을 가리킨다. 예수님은 제자들에게 "너희 착한 행실을 보고, 그들이 하나님 아버지께 영광을 돌리게 하라"고 말씀하셨다. 믿지 않는 사람들로 하여금 '예수 믿는 사람은 역시 다르다'는 인정을 받도록 하라는 뜻이다. 왜냐하면 이러한 삶이 하나님께는 영광이 되고, 우리가 복음을 증거할 때에 매우 중요한 접촉점이 되기 때문이다. 복음 증거를 위해서는 이같이 착한 행실을 보여야 한다.

과거에는 교회를 다니면 착한 사람, 바르게 사는 사람이라는 인식이 있었다. 학교에서 선생님이 학생들의 잘못을 추궁하며 "네가 그랬냐?"라고 물을 때, "저 교회 다니는데요" 하면 통과였다. 지금 생각해 보면 얼마나 감사한 일인지 모른다. 또한 그때는 복음을 전하기도 얼마나 쉬웠는지 모른다. 어릴 때 시골교회를 다니면서 전도한 적이 있었다. 주일에 교회학교 예배시간이 다가오면 친구들 집에 찾아가서 "친구야! 교회 가자"라고 부르면, 친구가 나왔다. 혹 친구가 잠자고 있을 때에는 그 부모님이 믿지 않으면서도 친구를 깨워 함께 교회에 가도록 도와주셨다. 왜냐하면 교회는 좋은 곳이라고 생각했기 때문이다.

그런데 안타깝게도 지금은 많이 달라졌다. 그러나 지금도 늦지 않았다. 복음을 전하기 위해서 우리는 믿지 않는 자들에게 착한 행실을 보여야 한다. 선교사들이 선교지에서 복음을 전할 때에도 마찬가지이다. 원주민들에게 먼저 인정을 받아야 한다. 그런 후에야 복음을 전할 수 있다.

(2) 부끄러움을 당하게 하라.

"선한 양심을 가지라 이는 그리스도 안에 있는 너희의 선행을 욕하는 자들로 그 비방하는 일에 부끄러움을 당하게 하려 함이라"(벧전 3:16).

"선한 양심"은 도덕적으로나 영적으로 하나님 앞에서 자신을 올바르게 인식하도록 만드는 것이다. 이것은 자신의 깨끗한 삶을 통해 생기고, 어떤 상황에서도 자기를 변론할 수 있는 합당한 근거가 된다. 논리에 맞는 대답과 설득력 있는 변론도 중요하지만 그것보다도 더 중요한 것은 선한 양심을 가지는 것이다. 왜냐하면 이를 통해 비방하는 자들의 거짓이 드러나 그들로 하여금 부끄러움을 당하게 만들기 때문이다. 그럴 때 복음이 전해질 수 있다.

(3) 서로 사랑하라.

"너희가 서로 사랑하면 이로써 모든 사람이 너희가 내 제자인 줄 알리라"(요 13:35).

예수님의 제자인 증거는 서로 사랑하는 것에서 나타난다. 예수님의 제자는 다투지 않고, 사랑하며 섬긴다. 성도들 간에도, 이웃들 간에도 서로 사랑한다. 만약 그렇지 못하면 복음의 도구가 아니라 방해물이 될 수 있다.

2020년 6월 29일에 '포괄적 차별금지법'이 21대 국회에서 발의되었다. 정의당 의원 6명을 중심으로 총 10명의 의원이 발의하였다. '차별금지'라는 말은 얼마나 좋은 말인가! 차별이 없는 사회를 우리는 지향해야 한다. 그러나 이들이 발의한 포괄적 차별금지법의 주목적은 성적지향(동성애)과 성별정체성(성전환자, Transgender)에 관한 것이었다. 동성애를 인정하면 동성결혼도 인정하는 것이고, 이것은 성경에 정면으로 위배되는 행위이다. 어느 날, 남자 둘이 와서 결혼하겠다고 부모님을 찾아오면, 거부하는 즉시 법을 위반한 것이 되어 감옥에 가게 된다. 여자가 남자로, 남자가 여자로 성을 전환하는 것도 인정해야 한다. 만약 이것을 부정한다든지 비판하면 감옥에 가게 된다. 학교에서도 아이들에게 동성애를 정상이라고 가르쳐야 하고, 성에 대해서 자유롭게 선택할 수 있도록 가르쳐야 한다.

그러나 우리가 분명히 알아야 할 것은 동성애는 유전도 아니고, 선천적이지도 않고, 치유 불가능한 것도 아니다. 지금 우리나라는 동성애로 말미암아 에이즈 감염자가 급증하고 있다. 물론 동성애자나 성전환자들도 우리가 사랑하고 돌봐주어야 한다. 그러나 그들의 행위는 분명히 잘못되었다는 것을 알게 해주어야 한다.

'포괄적 차별금지법'은 이뿐만 아니라 낙태를 선택할 인권을 주장하고, 유전자 조작이나 AI 개발을 통해서 하나님이

정하신 생명과 죽음의 영역에까지 도전하고 있다. 또한 '괴롭힘'도 일종의 차별로 보고, 주위 사람들에게 복음을 전하지 못하도록 제한하고 있다. 심지어 신천지와 같은 이단에 대한 비판도 할 수 없게 된다.

　이것은 매우 심각한 것이다. 그래서 우리는 이것을 반대한다.
　이미 차별금지법을 통과시킨 영국을 비롯한 유럽 여러 국가와 미국, 캐나다, 남미 콜롬비아 등 많은 나라는 이것으로 인해 사회가 큰 피해를 입고 있다. 그래서 우리는 포괄적 차별금지법을 반대할 수밖에 없다.

　그러므로 우리는 속히 성경으로 돌아가야 하고, 힘써 복음을 증거해야 한다. 우리는 복음 증거를 위해 마음가짐을 새롭게 하고, 인정받는 삶을 살아야 한다. 비록 지금은 코로나19로 많은 어려움이 있지만 복음 증거는 우리가 쉬지 말고 해야 할 일이다. 때를 얻든지 못 얻든지 우리가 항상 힘써야 할 일이다(딤후 4:2).

## 삶4
## 살리는 말(言)

　　우리말에 "말 한마디로 천 냥 빚을 갚는다"는 속담이 있다. 말만 잘해도 어려운 일이나 불가능해 보이는 일을 해결할 수 있다는 뜻이다. 천 냥은 당시 쌀값을 기준으로 셈해 보면, 요즘 돈 7천만 원쯤 된다고 한다. 비슷한 고사성어로 '어이아이'라는 말이 있다. 같은 내용의 말이라도 '아' 다르고 '어' 다르다는 뜻이다. 말하기에 따라 뜻이 달라진다. 언론에서도 같은 사건에 대해서 다르게 말하기도 한다. 매체의 성격에 따라 해석하여 보도하는 것을 '프레임frame'이라고 하는데, 어떤 프레임으로 말하느냐에 따라 뜻이 달라진다.

　　우리도 생활 속에서 말로 사람을 살릴 때도 있고 죽일 때도 있다. 때로는 말 한마디 때문에 기뻐하기도 하지만 탄식하고 후회하기도 한다. 말해 놓고 마음 아파하기도 하고, 관계가 불편해지기도 한다.

　　성도는 언어생활이 성숙해야 한다.

　　성경에도 보면, 말에 대한 교훈이 많다. 그중에 하나가 야고보서 3장이다. 1절 말씀을 보면, "내 형제들아 너희는 선생 된 우리가 더 큰 심판을 받을 줄 알고 선생이 많이 되지 말라"고 말했다. 야고보서를 기록한 사람은 야고보이다. 그는 예수님의 친동생이자, 초대 예루살렘 교회의 수장으로서 장로의 직임을 가진 자였다. 이러한 그가 초대교회 성도들에게 "선생 된 너희"라고 말하지 않고, "선생 된 우리"라고 말했다. 이것은 야고보 자신도 말의 실수가 많은 사람 중 하나라는 것을 인정하는 것이다.

말에 실수가 없는 사람은 없다. 만약 있다면 그는 온전한 사람일 것이다. 그래서 야고보는 "선생이 많이 되지 말라"고 말했다. 이것은 참된 선생이 되는 것이 그만큼 어렵기 때문이다. 선생은 부득이 많은 말을 하게 되고, 그러다 보면 실수할 가능성이 높기 때문이다. 또한 말에 대한 책임도 그만큼 크다. 왜냐하면 선생은 말한 대로 반드시 실천해야 할 책임이 있기 때문이다. 예수님은 당시에 서기관들이나 바리새인들처럼 말만 하고 행하지 않는 자를 강하게 비판하셨다(마 23:3).

성도는 혀를 잘 사용해야 한다. 혀는 작은 지체이지만 큰 것을 움직인다. 예를 들어, 말의 입에 재갈을 물리면 말이 꼼짝없이 순종하는 것과 같다. 광풍에 밀려가는 큰 배가 작은 키로 운행되는 것과 같다. 작은 불씨로 인해 많은 나무들이 불태워지는 것과 같다. 이처럼 혀는 작은 것이지만 큰 위력이 있다.

최근 TV에서 "요즘 육아 금쪽같은 내 새끼"라는 프로그램을 방영하고 있다. 육아 전문가가 아이의 상태를 관찰하고 진단한 후에 행동수정과 가정의 변화를 위한 개선방안들을 처방해 주는 육아 비법 프로그램이다. 이 프로그램에서 아이들에게 나타나는 성격장애가 부모의 변화된 말과 행동에 의해서 치유되는 것을 보았다. 특히 부모가 아이를 이해하려는 마음으로 접근했을 때 아이가 달라졌고, 부모 중심의 말이 아니라 아이 중심의 말 한마디가 아이를 변화되게 만들었다.

이처럼 말 한마디가 참 중요하다. 그런데 문제는 혀를 길들이기가 어렵다는 것이다. 그렇다고 노력해 볼 필요가 없는 것은 아니다. 단지 사람의 힘만으로는 힘들다.

그러면 어떻게 해야 하는가?

## 선한 마음을 가져야 한다

"선한 사람은 그 쌓은 선에서 선한 것을 내고 악한 사람은 그 쌓은 악에서 악한 것을 내느니라"(마 12:35).

예수님은 나무와 열매에 대한 비유를 말씀하면서 열매를 보면 나무를 알 수 있다고 하셨다(마 12:33). 곧 나무가 좋으면 열매도 좋고, 나무가 좋지 않으면 열매도 좋지 않다는 뜻이다. 이 비유의 핵심은 말을 통해 그 사람의 속마음을 알 수 있다는 것이다. 즉, 선한 사람은 그 쌓은 선에서 선한 말을 하고, 악한 사람은 그 쌓은 악에서 악한 말을 한다는 것이다. 어떤 마음을 갖느냐에 따라 나타나는 말이 달라진다. 그러나 예레미야 17장 9절을 보면, "만물보다 거짓되고 심히 부패한 것은 마음이라"고 했다. 이것은 선한 마음을 가진 사람은 없다는 말이다. 어쩌면 한 사람도 없다는 것이다. 곧 사람은 부패한 본성으로 선한 말을 할 수 없는 존재라는 뜻이다.

그러면 어떻게 해야 하는가?

마음을 선하게 바꾸어야 한다. 〈생명의 삶〉, 큐티를 통해 하나님의 말씀을 묵상하고, 마음의 밭을 선하게 기경해야 한다. 그래야 선한 말을 할 수 있다. 만약 마음의 밭이 악하여 악한 말을 하면 반드시 심판을 받게 된다. 무심코 한 말이라도 하나님 앞에서 추궁을 받는다. 이것을 생각하면 함부로 말을 할 수 없다. 성도는 언어생활이 성숙해야 한다. 살리는 말을 해야 한다. 그런데 우리는 하루를 보내면서 안 해도 될 말을 얼마나 많이 하고 있는가! 또한 무심코 내뱉은 말로 상대방에게 상처를 주는 일이 얼마나 많은가!

어떤 사람이 생일을 맞아 절친한 친구 네 명을 초대했다. 세 친구는 제시간에 도착했고, 나머지 한 친구는 아직 도착하지 않았다. 그때 초대한 친구가 이렇게 말했다. "왜 꼭 와야 할 사람이 오는 않는 거지?" 이 말을 듣고, 한 친구가 화를 내며 말했다. "아니, 그럼 우리는 오지 않아도 될 사람이라는 거야?" 그는 말을 마치기가 무섭게 나가 버렸다. 한 친구는 도착하지 않았고, 또 한 친구는 화가 나서 가버리자 초대한 친구가 초조해하며 이렇게 말했다. "어휴, 가지 말아야 할 사람이 가 버렸군." 그러자 이번엔 남아 있던 두 친구 중 하나가 화를 내며 말했다. "그럼 우리는 가야 할 사람이란 말인가?" 그 역시 말을 마치기가 무섭게 나가 버렸다. 그때에 마지막 남은 친구가 우정 어린 마음으로 초대한 친구에게 충고해 주었다. "여보게 친구, 말을 조심해야지." 그러자 그가 말했다. "내가 말한 것은 그 친구들에게 한 것이 아닌데, 오해한 것 같네." 이 말을 듣고는 마지막 친구마저 화를 내며 "그럼 나를 두고 한 말이라는 거야?" 그러면서 그도 나가 버렸다.

우리는 말을 잘해야 한다. 빈정거리는 말을 한다든지, 상대방의 약점을 함부로 말한다든지, 심지어 그것으로 농담을 해서는 안 된다. 선한 마음을 가지고, 살리는 말을 해야 한다.

## 살리는 말을 개발해야 한다

### 1) 때에 맞는 말

"사람은 그 입의 대답으로 말미암아 기쁨을 얻나니 때에 맞는 말이 얼마나 아름다운고"(잠 15:23).

사람에게 아름다운 것이 무엇인가? 때에 맞는 말이다. 사무엘상 25장을 보면, 다윗이 군사들과 바란 광야에 있을 때 나발의 목자들과 함께 지내며, 그의 양 떼를 보호해 주었다. 그러던 중에 양식이 떨어지자 종들을 나발에게 보내어 도움을 구했지만 나발은 단번에 거절했다. 그러자 화가 난 다윗이 은혜를 원수로 갚는 나발에게 군사 400명가량을 보내어 그를 죽이라고 명령했다. 그때에 이 소식을 들은 나발의 아내 아비가일이 급히 떡과 물과 고기와 과일들을 챙겨 다윗에게로 달려갔다. 그리고 그의 남편을 대신하여 엎드려 사과하고, 은혜에 보답함으로 죽음을 면했다. 나발은 미련하여 어리석게 말했지만 그의 아내 아비가일은 지혜롭게 때에 맞는 말을 했다.

성도는 때에 맞는 말, 곧 살리는 말을 개발해야 한다.

### 2) 덕을 세우는 말

> "의인의 마음은 대답할 말을 깊이 생각하여도 악인의 입은 악을 쏟느니라"(잠 15:28).

의인은 대답하기 전에 할 말을 깊이 생각한다. 깊은 생각은 덕을 세우는 말을 개발할 수 있는 좋은 습관이다. 이러한 습관은 저절로 덕을 세우는 말을 하게 만든다. 삼사일언이라는 말이 있다. 한마디의 말을 하기 전에 세 번을 생각하라는 뜻이다. 그러면 반드시 덕을 세우는 말을 하게 된다. 상담하든지, 대화할 때에 살리는 말을 하게 해 달라고 마음으로 성령께 간구하면, 덕을 세우는 말을 하게 된다. 그러나 생각이 없으면 마음의 악을 쏟아내게 된다.

옛날에 박만득이라는 백정이 있었다. 어느 날, 두 양반이 그에게 고기를 사러 갔다. 그중 한 양반은 습관대로 "야, 만득아! 고기 한 근 다오"라고 말했더니, 만득은 "네" 하며 고기를 한 근 잘라 주었다. 그러자 이번에는 다른 양반이 "박 서방, 고기 한 근 주게"라고 말했는데, 그 고기는 언뜻 보아도 먼저 산 양반의 것보다 훨씬 더 커 보였다. 똑같이 한 근을 달라고 말했는데 차이가 크게 나자 앞의 양반이 화를 내며 따졌다. "이놈아, 같은 한 근인데, 이 양반의 것은 많고 내 것은 왜 이렇게 적으냐?" 그러자 박만득은 당연하다는 듯이 대답했다. "손님 것은 만득이가 자른 것이고, 저 손님 것은 박 서방이 자른 것이기 때문이지요."

성도는 덕을 세우는 말, 곧 살리는 말을 개발해야 한다.

### 3) 학자의 혀

> "주 여호와께서 학자들의 혀를 내게 주사 나로 곤고한 자를 말로 어떻게 도와줄 줄을 알게 하시고 아침마다 깨우치시되 나의 귀를 깨우치사 학자들같이 알아듣게 하시도다"(사 50:4).

이사야 선지자는 하나님께 학자들의 혀를 달라고 간구했다. 학자들의 혀는 곤고한 자를 돕는 말을 뜻한다.

사울 왕 때문에 도망 다니던 다윗이 십 광야 수풀에 숨어 있을 때에 사울의 아들 요나단이 수풀에 들어가 다윗에게 하나님을 힘 있게 의지하라고 했다(삼상 23:16). 다윗은 요나단의 말에 큰 위로를 얻었다. 이것이 학자의 혀이다.

5만 번 이상의 기도 응답을 받은 고아의 아버지 조지 뮬러도 청소년 시절에는 동네에서 부랑자였다. 아버지의 돈을 훔치고, 거짓말을 일삼고, 친구와 어울려 유흥업소와 경찰서를 자기 집처럼 드나들다 교도소에 들어가기도 했다. 이런 그가 기독교사에 위대한 인물이 될 수 있었던 것은 목사님과의 상담에서 들었던 말 한마디 때문이었다.

"조지! 나쁜 버릇을 하루아침에 고칠 수는 없지만 하나님은 한번 택한 자녀를 절대로 버리지 않으신다. 낙심하지 말고 노력하면, 넌 반드시 훌륭한 사람이 될 거야."

이 말이 조지 뮬러를 변화시켰다.

성도는 학자의 혀, 곧 살리는 말을 개발해야 한다.

### 4) 소금 치듯 하는 말

> "너희 말을 항상 은혜 가운데서 소금으로 맛을 냄과 같이 하라 그리하면 각 사람에게 마땅히 대답할 것을 알리라"(골 4:6).

"소금을 친다"는 말은 적절하게 잘 배합한다는 뜻이다. 음식에 소금을 쳐서 맛을 돋우는 것처럼, 소금 치듯 하는 말은 듣는 사람에게 은혜를 끼친다.

어떤 권사님이 말했다. "목사님은 예배 중에 성도들이 가득히 앉아 있는 것을 보면, 마치 농부가 들판에 누렇게 익은 곡식을 보는 것처럼 기쁘지 않습니까?" 이것이 소금 치듯 하는 말이다.

성도는 소금 치듯 하는 말, 곧 살리는 말을 개발해야 한다.

## 비판하지 말아야 한다

### 1) 다시 비판받는다

마태복음 7장 1절을 보면, "비판을 받지 아니하려거든 비판하지 말라"고 기록되어 있다. 비판하지 말아야 하는 이유는 다시 비판받기 때문이다. 그러나 성경은 모든 비판을 금하는 것은 아니다. 마태복음 7장 6절을 보면, "거룩한 것을 개에게 주지 말며 너희 진주를 돼지 앞에 던지지 말라"고 말했다. 이것은 분명히 비판적으로 분별하라는 말이다. 그러나 형제를 인격적으로 모독한다든지, 일부러 허물을 드러내어 사람들 앞에 부끄럽게 만들며 비판하는 것은 안 된다.

모세가 구스 여자를 아내로 삼았을 때에 미리암이 모세를 비방했다(민 12:1). 그로 인해 미리암은 나병에 걸리고 말았다. 또한 여호와의 궤가 다윗 성으로 들어올 때에 다윗이 춤을 추며 뛰놀았다. 이 광경을 사울의 딸 미갈이 보고는 다윗을

업신여겼다. 이로 인해 그는 죽는 날까지 자식을 낳지 못했다(삼하 6:23).

비판하면 다시 비판을 받는다.

2) 외식(外飾)하는 것이다

마태복음 7장 3절을 보면, "어찌하여 형제의 눈 속에 있는 티는 보고 네 눈 속에 있는 들보는 깨닫지 못하느냐"라고 말했다. 자신의 눈 속에 있는 들보는 보지 못하고, 다른 사람의 티를 보는 것은 외식이다. 세상에는 남을 비판해도 될 만큼 떳떳한 자도 없고, 남에게 비판을 받지 않아도 될 만큼 완전한 자도 없다. 그러므로 외식하지 말아야 한다.

그런데 왜 비판하는가? 자기를 돌아보지 못하기 때문이다. 만약 자신의 눈 속에 있는 들보를 볼 수 있다면 절대로 남을 비판하지 못할 것이다. 비판은 남을 해치거나 죽이는 일이다.

요즘 사회의 비판은 말 또는 글을 넘어 방송과 인터넷으로 손쉽게 퍼져 나간다. 사회의 지도자들이 앞장서서 비난하고, 자신이 내뱉은 비난에 책임지지 않는다. 정의가 사라졌고, 진리가 불투명해졌다. 그러나 우리 사회에는 잊지 말아야 할 '책임'이라는 가치가 있다. 내가 무책임하게 내뱉은 비판의 한 마디가 살인 무기가 될 수 있다.

성도는 비판하지 말아야 한다. 살리는 말을 해야 한다.

삶5

# 영적 성숙

 미국의 심리학자 칼 로저스<sup>Carl Rogers</sup>는 "인생이야말로 한 인간이 성숙되어 가는 과정이다"라고 정의했다. 인생을 성숙이라는 관점에서 바라보았다.

 어떤 엄마에게 두 명의 어린 아들이 있었다. 하나는 일곱 살이고, 하나는 다섯 살이었다. 하루는 엄마의 생일이 다가오자 어린 두 아들이 엄마에게 드릴 선물을 준비하기 위해 그동안 모았던 저금통을 깨뜨렸다. 엄마는 이러한 아들들을 그냥 내버려 두었다. 그런데 일곱 살 난 큰아들은 그래도 생각이 있어 엄마를 위해 립스틱 하나를 사가지고 왔다. 매일 아침마다 엄마가 바르는 것을 보았기 때문이다. 그런데 다섯 살 난 둘째 아들은 장난감 하나를 사가지고 왔다. 자기 눈에 그게 제일 좋아 보이니 당연히 엄마도 좋아할 것이라고 생각했던 것이다. 이것이 성숙과 미성숙의 차이이다. 미성숙은 자기중심적이지만 성숙은 타인 중심적이다. 미성숙은 자기 주장과 고집대로 하지만 성숙은 남을 배려하고 이해한다.

 필자는 모태에서부터 신앙생활을 했다. 더 정확하게는 어머니가 신앙생활을 할 때에 태어났고, 어머니의 신앙생활을 보고 배우며 자랐다. 지금도 어머니와 아버지가 남겼던 신앙의 흔적들이 가슴 깊이 새겨져 있다. 그러나 돌이켜보면, 모태신앙의 특징인 "못해"[I can't]라는 말도 참 많이 했다. 주일학교 시절에는 개구쟁이였고, 중고등부 시절에는 예배에 빠진 적도 많았다. 미성숙했기 때문이다. 가정사역자 송길원 목사는 "미성숙함은 행복을 갉아먹는 녹과 같고, 가정의 행복은 최첨단 가전제품이나 명품 의상, 수익이 보장된 주식이 아닌 개개인의 성숙에서 비롯된다"라고 말했다.

## 미성숙이란 무엇인가?

"형제들아 내가 신령한 자들을 대함과 같이 너희에게 말할 수 없어서 육신에 속한 자 곧 그리스도 안에서 어린아이들을 대함과 같이 하노라"(고전 3:1).

사도 바울은 고린도 교회 성도들에게 "내가 너희를 육신에 속한 자, 곧 그리스도 안에서 어린아이들을 대하는 것처럼 한다"라고 말했다. 여기서 "육신에 속한 자"와 "어린아이"는 모두 미성숙한 자를 뜻한다. 미성숙한 자는 불신자가 아니라, 예수님을 믿기는 하지만 타락한 본성에서 벗어나지 못하고 여전히 죄 가운데 살아가는 성도들을 말한다. 바울은 이와 같이 고린도 교회 성도들을 미성숙한 자로 여겼다.

이들에게는 몇 가지의 특징이 있다.

1) 초보적인 진리만 안다

2절을 보면, "내가 너희를 젖으로 먹이고, 밥으로 아니하였다"라고 설명하고 있다. 그 이유는 어린아이처럼 잘 소화하지 못했기 때문이다. 여기서 "밥"은 성경이 가르치는 깊은 진리와 체험을 통해 얻어지는 신앙적 지식을 뜻하는 반면에, "젖"은 초보적인 진리와 체험이 바탕되지 못한 지식을 뜻한다. 고린도 교회 성도들은 이러한 초보적인 진리만 알았지, 성경이 가르치는 깊은 진리와 체험을 통한 신앙적 지식을 갖지 못했다. 그러나 성숙을 위해서는 성경의 깊은 진리를 깨달아야 한다. 그래서 큐티학교에서 배우고, 제자훈련과 사역훈련도 받아야 한다.

2) 시기하고 분쟁한다

3절을 보면, "너희 가운데 시기와 분쟁이 있으니"라고 말했다. "시기"는 그릇된 경쟁의식에서 나온 감정을 말하고, "분쟁"은 자기주장을 강하게 내세우며 이기적인 태도를 취하므로 나타나는 현상을 말한다. 이러한 시기와 분쟁은 모두 미성숙한 자의 모습이다.

실제로 고린도 교회는 이와 같았다. 4절 말씀을 보면, 그들 중에 어떤 사람은 "나는 바울에게"라고 말하고, 어떤 사람은

"나는 아볼로에게"라고 말했다. 고린도 교회는 사도 바울이 개척을 하였고, 나중에 아볼로가 와서 크게 성장시킨 교회였다. 그래서 교회 안에 바울에게 훈련받은 사람과 아볼로에게 훈련받은 사람이 생기게 되었는데, 그 후에 사도 베드로가 고린도교회에 방문하게 되자 이제는 베드로를 존경하고 따르는 사람들까지 생기게 되었다.

이렇게 교회 안에서 영향을 받고 존중하는 지도자를 중심으로 편을 가르는 분쟁이 일어났다. 이러한 고린도 교회 성도들을 바라본 바울은 "너희가 어찌 육신에 속한 사람이 아니라고 말할 수 있겠느냐"고 말했다.

오늘날 교회 안에도 보면, 어른의 자리에 앉아 있는 분들이 어린아이 짓을 하는 경우가 종종 있다. 시기하고, 분쟁하고, 편을 가른다. 담임목사와 원로목사 편이 있고, 장로들 중에도 A장로와 B장로 편이 있다. 때로는 출신 지역에 따라 편을 가르기도 한다.

혹시 우리는 이러한 무리에 끼어 있지 않은가? 그러나 이것은 분명히 육신에 속한 자의 모습이고, 영적 어린아이의 모습이다. 우리는 이와 같은 미성숙의 모습에서 벗어나야 한다.

### 3) 인격보다 은사만을 강조한다

고린도전서 1장 7절을 보면, 고린도 교회는 성령의 은사를 많이 받은 교회이다. 그럼에도 불구하고 영적인 면에서는 어린아이의 티를 벗어나지 못했다.

어떻게 이런 일이 일어날 수 있는가? 우리는 성령의 은사가 영적 성숙과는 별개의 것임을 분명히 알아야 한다. 성령의 은사는 신앙의 인격과 삶을 대변할 수 없다. 그러면 무엇이 중요한가? 성령의 은사보다는 신앙의 인격과 삶의 변화가 훨씬 더 중요하다. 왜냐하면 은사는 특정한 사람에게 주어지지만 인격과 삶의 변화는 모든 사람이 갖추어야 하기 때문이다. 그렇다고 은사가 중요하지 않다거나 은사를 받은 사람을 영적 어린아이라고 단정하면 안 된다.

은사보다 더 중요한 것은 인격과 삶의 변화이다. 곧 영적 성숙이다.

## 영적 성숙이란 무엇인가?

> "우리가 다 하나님의 아들을 믿는 것과 아는 일에 하나가 되어 온전한 사람을 이루어 그리스도의 장성한 분량이 충만한 데까지 이르리니"(엡 4:13).

영적 성숙은 "온전한 사람을 이루는 것"이라고 말했다. 이것은 문자적으로 '더할 나위 없이 성숙한 인간이 된다'는 뜻이다. 성숙한 사람이 된다는 것은 하나님의 아들을 믿는 것과 아는 일이 하나가 되는 것을 말한다. 하나님의 아들을 믿는 믿음과 구원에 포함된 모든 지식이 하나가 되는 것을 말한다. 믿음과 지식이 다르면 안 된다. 바울은 초대교회 당시에 흩어져 있던 성도들의 믿음과 지식이 하나가 되기를 원했다. 그래서 사도 바울은 그들에게 믿음과 지식에 하나가 되어 온전한 사람, 곧 영적 성숙을 이루어 그리스도의 장성한 분량이 충만한 데까지 이르러야 한다고 말했다.

"그리스도의 장성한 분량"은 그리스도의 인격과 삶을 말한다. "충만한 데까지 이른다"는 말은 닮아간다는 것을 뜻한다. 곧 작은 예수가 된다는 의미이다. 왜냐하면 예수님이야말로 가장 완전한 하나님의 형상이기 때문이고, 이러한 예수님을 닮아가는 것이 영적 성숙을 이루는 것이기 때문이다.

예수님의 삶은 어떠했는가?

1) 말씀과 복음 증거만을 생각하셨다

예수님은 사람이 떡으로만 사는 존재가 아니라 하나님의 말씀으로 사는 존재임을 늘 생각하셨다(마 4:4). 그래서 공생애 사역 초기에 40일 금식을 한 후, 사탄이 시험할 때에 말씀으로 사탄을 물리치셨다. 또한 공생애를 시작하면서 오직 복음 증거만을 생각하셨다. 그래서 제자들을 불러 사람을 낚는 어부가 되게 하셨다(마 4:19). 이처럼 예수님은 말씀과 복음 증거만을 생각하셨다.

2) 가난하게, 그리고 사랑으로 사셨다

예수님은 "여우도 굴이 있고 공중의 새도 집이 있으되 인자는 머리 둘 곳이 없도다"(눅 9:58)라고 말씀하셨다. 이처럼 예수님은 집 한 채 없이 가난하게 사셨다. 그리고 유월절 전에 자신이 세상을 떠나 하나님께로 돌아갈 때가 이른 줄 아시고, 세상에 있는 자기 사람들을 사랑하시되 끝까지 사랑하셨다(요 13:1). 이처럼 예수님은 가난하게, 그리고 사랑으로 사셨다.

### 3) 삶의 목표가 섬김과 생명 구원이었다

예수님은 자신이 이 땅에 온 목적이 "섬김을 받으려 함이 아니라 도리어 섬기려 하고 자기 목숨을 많은 사람의 대속물로 주려 함이니라"(마 20:28)고 말씀하셨다. 또한 예수님이 온 것은 "양으로 생명을 얻게 하고 더 풍성히 얻게 하려는 것이라"(요 10:10)고 말씀하셨다. 이처럼 예수님의 삶의 목표는 섬김과 생명 구원이었다.

셰익스피어가 오랫동안 알고 지내던 친구의 집을 찾아갔다. 때마침 친구는 집에 없었고 집안일을 책임지는 하인이 대신해서 그를 맞아 주었다. 하인은 조금만 기다리면 주인이 돌아올 거라며 그를 거실로 안내했다. 그가 소파에 앉자 하인은 따뜻한 홍차 한 잔을 내왔다. 하인이 건넨 쟁반에는 기다리는 동안 간단히 읽을 만한 책 한 권까지 곁들여 있었다. 작은 배려에 감동한 그는 가벼운 고갯짓과 눈웃음으로 인사를 대신했다. 그 후 하인은 하던 일을 끝마치려는지 부엌으로 들어가 버렸다.

셰익스피어가 한참을 기다렸지만 주인은 돌아오지 않았다. 남의 집 거실에 혼자 앉아 있는 자신의 모습이 머쓱해진 그는 차라도 한 잔 더 얻어 마실 생각에 부엌으로 갔다. 그런데 부엌문을 연 순간 그가 발견한 것은 아무도 없는 부엌에서 혼자 양탄자 밑을 청소하고 있는 하인의 모습이었다. 그곳은 누가 일부러 들춰보기 전까지는 아무도 더러운지 깨끗한지 알 수 없는 그런 곳이었다. 그런데도 하인은 누가 뒤에서 보는 것도 아니고 주인이 억지로 시킨 것 같지도 않은데 혼자 콧노래를 불러가며 양탄자 밑을 닦고 있었다.

그 모습을 발견한 후로 셰익스피어는 젊은 사람들로부터 인생의 성공 비결이 무엇이냐는 질문과 누구로부터 가장 큰 영향을 받았느냐는 질문을 받을 때마다 이렇게 말하곤 했다. "혼자 있을 때에도 누가 지켜볼 때와 다름없이 행동에 아무런 변화가 없는 사람, 바로 그 사람이 무슨 일에서나 성공할 수 있는 사람이고, 내가 가장 존경하는 사람이다."

우리의 삶은 어떠해야 하는가?

미성숙한 사람은 자기가 좋아하는 일만 찾지만, 성숙한 사람은 자기가 꼭 해야만 하는 일을 찾아서 한다. 미성숙한 사람은 고난이나 힘든 환경을 견디지 못하지만, 성숙한 사람은 거센 바람과 물결을 거부하지 않고, 항해사를 믿으며 인내한다. 미성숙한 사람은 좋고 싫은 것을 따지지만, 성숙한 사람은 옳고 그른 것을 선택한다. 미성숙한 사람은 조그마한 불행도 현미경으로 확대해서 보지만, 성숙한 사람은 큰 불행도

망원경으로 들여다본다. 미성숙한 사람은 자신의 과거를 바라보지만, 성숙한 사람은 미래를 내다본다.

## 영적 성숙을 위한 조건은 무엇인가?

### 1) 가르치는 교사이다

"우리는 그리스도의 사도로서 마땅히 권위를 주장할 수 있으나 도리어 너희 가운데서 유순한 자가 되어 유모가 자기 자녀를 기름과 같이 하였으니"(살전 2:7).

바울은 그리스도의 사도로서 마땅히 권위를 주장할 수 있었지만 그렇게 하지 않았다. 도리어 유순한 자가 되어 유모가 자기 자녀를 기르는 것처럼 데살로니가 교회 성도들을 길렀다고 말했다. 이처럼 영적 성숙을 위해서는 유모처럼 길러줄 교사가 필요하다. 목사가 교사이고, 교회의 직분자들이 교사이다. 각 목장에서는 리더가 교사이다. 어떤 교사를 만나느냐에 따라 영적 성숙도는 달라진다.

### 2) 은혜와 지식이다

"오직 우리 주 곧 구주 예수 그리스도의 은혜와 그를 아는 지식에서 자라 가라 영광이 이제와 영원한 날까지 그에게 있을지어다"(벧후 3:18).

영적 성숙에는 예수 그리스도의 은혜와 그를 아는 지식이 필요하다. 은혜 없이는 성장할 수 없고, 예수님을 아는 지식 없이는 성숙될 수 없다. 그래서 성도는 매일 말씀을 읽고 묵상하며, 항상 기도해야 한다. 그럴 때 은혜가 넘치고, 그리스도를 아는 지식으로 그리스도의 장성한 분량이 충만한 데까지 이를 수 있다.

### 3) 도움과 연합이다

"그에게서 온몸이 각 마디를 통하여 도움을 받음으로 연결되고 결합되어 각 지체의 분량대로 역사하여 그 몸을 자라게 하며 사랑 안에서 스스로 세우느니라"(엡 4:16).

영적 성숙을 위해서는 온몸이 각 마디를 통하여 도움을 받는 것처럼 서로 돕고, 각 지체의 분량대로 몸이 자라는 것처럼 서로 연합해야 한다. 교회는 유기적 공동체이기 때문이다. 성도는 각 지체가 서로 돕고 연합할 때 성숙해질 수 있다. 그리고 이와 같이 할 수 있는 비밀의 열쇠는 결국 사랑이다. 사랑으로 돕고 연합할 때 성숙해질 수 있다.

## 4) 노력이다

"내가 이미 얻었다 함도 아니요 온전히 이루었다 함도 아니라 오직 내가 그리스도 예수께 잡힌 바 된 그것을 잡으려고 달려가노라"
(빌 3:12).

영적 성숙에는 부단한 노력이 필요하다. 사도 바울은 구원받은 자로 살았지만 이미 얻었다고 말하지 않았고, 또한 온전히 이루었다고 말하지도 않았다. 오직 그리스도 예수께 잡힌 바 된 그것을 잡으려고 달려간다고 말했다. 이것은 영적 성숙을 위해 끊임없이 노력했다는 것을 말한다. 신앙의 유형에는 앉아 있는 형, 걸어가는 형, 달려가는 형이 있다. 영적 성숙을 위해서는 부단히 달려가야 한다.

'성인아이'라는 말이 있다. 나이와 몸은 성인인데, 생각과 삶이 아이인 사람을 가리킨다. 혹시 우리의 영적인 모습이 이렇지는 않은가? 신앙의 연수는 많은데, 인격과 삶에 변화 없이 여전히 어린아이 같다면 비정상적일 수밖에 없다.

그런데 교회 안에는 이런 사람들이 많다. 꼭 밥을 떠먹여 주어야 하고, 대소변을 가려 주어야 하고, 조금만 불편해도 그것을 다 해결해 주어야 한다. 오랫동안 설교를 꼬박꼬박 들었지만 성장과 성숙이 없다면 영적인 성인아이다.

성숙한 신앙인은 스스로 밥도 먹고, 대소변도 가리고, 불편함도 해소하는 사람이다. 그리고 남도 도와주는 사람이다. 믿음의 증거가 무엇인가? 성숙한 신앙인이 되는 것이다.

삶6

# 순결

. .

앞으로 읽으나 뒤로 읽으나 똑같은 우리말이 있다. '기러기, 다들 잠들다, 아 좋다 좋아, 다시 합창합시다, 다 이뿐이뿐이다, 내 아내', 이 중에서 제일 좋은 말은 '내 아내'이다. 앞으로 읽어도 '내 아내', 뒤로 읽어도 '내 아내'이다. 기쁠 때도 슬플 때도 '내 아내', 성공했을 때도 실패했을 때도 '내 아내'이다. 아내는 내 안에 있는 해와 같은 존재이다. 그래서 사랑해야 한다. 남편도 마찬가지이다. 남편은 남의 편이 아니라 유일한 내 편이다.

"목사님! 그런 말씀 마세요. 우리 집 남편은 남의 편입니다. 남에게는 잘하는데, 내게는 잘 못해요"라고 말할 수 있다. 그렇게 생각되더라도 남편은 내 편이다. 내 안에 아내가 있고, 남편이 내 편이라고 여기면 행복한 부부이다.

구약성경의 아가서는 노래 중의 노래<sup>Song of Songs</sup>이며, 솔로몬 왕과 술람미 여인의 사랑의 노래이다. 그중에서도 2장 13-14절 말씀을 보면, 솔로몬 왕이 술람미 여인을 향해 "나의 사랑, 나의 어여쁜 자야, 일어나서 함께 가자. 바위 틈 낭떠러지 은밀한 곳에 있는 나의 비둘기야, 내가 네 얼굴을 보게 하라. 네 소리를 듣게 하라. 네 소리는 부드럽고, 네 얼굴은 아름답구나"라고 칭송했다.

이어서 2장 15절에서 술람미 여인은 솔로몬에게 "우리를 위하여 여우 곧 포도원을 허는 작은 여우를 잡으라"고 화답했다. 여우는 종종 포도원과 같은 곳에서 굴을 파고 서식하며 지내는데, 봄철에 포도나무에 싹이 돋고 꽃이 필 무렵이면 포도원을 돌아다니며 갉아먹거나 해치기도 한다. 술람미 여인은 이러한 여우, 곧 "작은 여우를 잡으라"고 말했다.

작은 여우는 무엇인가?

고린도전서 6장 18절을 보면, 바울은 고린도 교회 성도들에게 "음행을 피하라"고 말했다. 음행은 부부의 관계 속에 사랑을 훼방하고, 하나님과의 관계를 깨뜨리는 작은 여우이다.

사도 바울 당시에 고린도는 항구로서 무역의 중심지였고, 성적으로 타락한 도시였다. 대표적으로 그곳에 있는 이방 신전에는 성창, 곧 거룩한 창녀들이 있었고, 이방인 남자들이 그들과 동침하는 것을 제사의 일부로 여겼다. 이처럼 고린도는 타락한 도시였다. 사도 바울은 이렇게 타락한 고린도에 있는 성도들에게 "음행을 피하라"고 말했다. 음행은 사람의 몸에 죄를 범하는 것(18절)이기도 하지만 사람의 영혼을 타락시키는 것이다.

첫 사람 아담은 하나님을 주례로 하와와 결혼할 때에 이렇게 혼인 서약을 했다. "이는 내 뼈 중의 뼈요 살 중의 살이라"(창 2:23), "그대는 내 아내입니다"라고 말이다. 이렇게 말했던 그가 선악과를 따 먹은 후에는 핑계를 대었다. "하나님이 주셔서 나와 함께 있게 하신 여자 그가 그 나무 열매를 내게 주므로 내가 먹었나이다"(창 3:12). 아내를 가리켜 "그 여자"라고 말했다. 이렇게 달라진 이유가 무엇인가? 두 사람의 관계에서 '순결함'이 깨어졌기 때문이다. 부부의 관계나 하나님과의 관계에서 순결함이 깨어지면, '그 사람'이 되어 버린다. 반면에 순결함이 잘 유지되면 이리 보고 저리 보아도 내 아내, 내 남편이다.

우리는 순결해야 한다.

## 순결해야 할 이유가 무엇인가?

### 1) 몸이 성령의 전이기 때문이다

고린도전서 6장 19절을 보면, 사도 바울은 고린도 교회 성도들에게 "너희 몸은…너희 가운데 계신 성령의 전"이라고 말했다. 우리 몸은 성령이 내주하시는 전이다.

### 2) 예수님이 값으로 사신 존재이기 때문이다

고린도전서 6장 20절을 보면, 우리 몸은 "값으로 산 것이 되었으니"라고 했다. 우리 몸은 예수님이 십자가에서 죽으신 피 값으로 산 존재이다. 그렇기 때문에 소유권은 우리에게 있지 않고, 예수님께 있다. 우리는 그저 빌려 쓰는 것뿐이다. 세입자가 집을 잘 보존해야 하는 것과 같다. 내 것이 아니기 때문이다.

### 3) 하나님께 영광을 돌려야 하기 때문이다

고린도전서 6장 20절을 보면, "너희 몸으로 하나님께 영광을 돌리라"고 말했다. 우리 몸은 하나님께 영광을 돌려야 하는 것이다. 마음만이 아니라 온몸으로 영광을 돌려야 한다. 하나님은 우리 몸을 통해 영광을 받기 원하신다.

## 순결함의 정도는 어떠한가?

마태복음 5장 28절을 보면, "음욕을 품고 여자를 보는 자마다 마음에 이미 간음하였느니라"고 말했다. 우리는 마음까지도 거룩하도록 노력해야 한다. 고린도후서 7장 1절을 보면, "하나님을 두려워하는 가운데서 거룩함을 온전히 이루어 육과 영의 온갖 더러운 것에서 자신을 깨끗하게 하자"라고 말했다. 우리는 육과 영의 온갖 더러운 것에서 거룩하게 해야 한다. 또한 에베소서 5장 3절을 보면, "음행과 온갖 더러운 것과 탐욕은 너희 중에서 그 이름조차도 부르지 말라"고 했다.

최근에 'n번방 사건'을 통해 우리 사회가 얼마나 타락했는지 다시 한 번 확인하게 되었다. 핵심 관련자들이 거의 대부분 10대, 20대들이지 않은가! 또한 여기에 가입한 사람들이 얼마나 많겠는가! 그런데 여기에 성도들이 없다고 누가 장담할 수 있겠는가!

성도는 순결해야 한다. 더러운 것에 대해서는 입 밖에도 내지 말아야 한다.

## 순결함을 지키는 방법은 무엇인가?

### 1) 피하라

무엇을 피해야 하는가? 디모데후서 2장 22절을 보면, 청년의 정욕을 피하라고 권면하고 있다. 여기에는 청년의 정욕뿐만 아니라 지나친 식욕이나 지식욕이나 명예욕도 포함된다. 이것을 피하라고 말했다. 왜 피해야 하는가? 피하는 것이 상책이기 때문이다.

창세기 39장 12절을 보면, 요셉은 보디발의 아내가 유혹했을 때 피했다. 그가 요셉의 옷자락을 잡고 유혹하자 요셉은 그의 손을 뿌리치고 도망갔다. 이것이 상책이다. 중국의 손자병법에도 '삼십육계'(走爲上, 여의치 않으면 도망가라)가 있다.

### 2) 함께 하라

누구와 함께해야 하는가? 디모데후서 2장 22절을 보면, 주를 깨끗한 마음으로 부르는 자들과 함께하라고 권면한다. 여기에서 깨끗한 마음은 진실하고 정직한 마음을 말한다. 이러한 마음으로 주를 부르는 자들은 신앙이 좋은 사람들이다. 이들과 함께하라고 말했다.

사람은 누구를 만나고, 어떤 사람과 함께하느냐가 매우 중요하다. 그래서 결혼이 중요하고, 좋은 친구를 만나는 것이 중요하며, 좋은 성도들과 함께하는 것이 중요하다. 이것이 순결함을 지키는 방법이다.

3) 따르라

어떤 것을 따라야 하는가? 디모데후서 2장 22절을 보면, "의와 믿음과 사랑과 화평"을 따르라고 했다. 이것은 모두 선한 것이다. 여기서 "의"는 하나님의 뜻에 부합되는 마음의 상태이고, "믿음"은 하나님을 전적으로 신뢰하는 것이며, "사랑"은 원수까지도 자비의 대상으로 삼는 것이다. 그리고 "화평"은 화합과 평화를 이루는 것이다. 이 네 가지를 균형 있게 추구해 나가는 것이 순결함을 지키는 방법이다.

## 순결함에 실패하면 어떻게 되는가?

1) 정한 마음이 없어진다

"하나님이여 내 속에 정한 마음을 창조하시고 내 안에 정직한 영을 새롭게 하소서"(시 51:10).

시편 51편은 다윗이 밧세바와 동침한 후에 나단 선지자로부터 책망을 받고, 하나님께 회개하며 지은 참회시이다. 다윗은 거룩함에 실패하고, 제일 먼저 무엇을 잃었는가? 정한 마음과 정직한 영이다. 정한 마음은 죄의 욕구를 물리칠 수 있는 변화된 마음을 말한다. 이것은 정직한 영이라는 말과도 같다. 순결함에 실패하면, 정한 마음이 없어진다.

### 2) 성령과의 교제가 끊어진다

"나를 주 앞에서 쫓아내지 마시며 주의 성령을 내게서 거두지 마소서"(시 51:11).

다윗은 죄를 범한 후에 하나님으로부터 버림당한 느낌과 성령과의 교제가 끊어지는 비참함을 경험했다. 그래서 다윗은 주의 성령을 거두지 말아 달라고 간청했다. 순결함에 실패하면, 성령과의 교제가 끊어진다.

### 3) 구원의 즐거움이 사라진다

"주의 구원의 즐거움을 내게 회복시켜 주시고 자원하는 심령을 주사 나를 붙드소서"(시 51:12).

구원의 즐거움은 하나님과의 교제를 통해 얻는 마음의 기쁨을 말한다. 이것은 신앙생활에 큰 원동력이 된다. 그런데 다윗은 죄를 범하므로 마음에 기쁨이 사라져 버렸다. 이처럼 순결함에 실패하면, 구원의 즐거움이 사라진다.

다윗은 순결함에 실패하여 이와 같은 것을 잃어버렸다. 그래서 다윗은 잃어버린 것을 다시 회복하기 위해 회개했다. 그는 변명하거나 합리화하지 않고, 즉시 무릎을 꿇고 용서를 구했다. 그리고 다시는 이러한 죄를 범하지 않게 해달라고 호소했다.

그러면 우리는 어떠한가? 회개하지 않아도 되는가? 용서를 구하지 않아도 되는가? 하나님께 호소하지 않아도 되는가?

작자 미상의 "순결한 마음"이라는 시가 있다.

> 생각을 심으면 행동을 거두고,
> 행동을 심으면 습관을 거두고,
> 습관을 심으면 인격을 거두고,
> 인격을 심으면 인생을 거둔다.

순결한 마음과 순결한 생각을 갖는 것이 중요하다는 말이다. 케이스 L. 브룩스(Keith Leroy Brooks)는 이렇게 말했다.

"사람의 마음을 억지로 평온하게 할 수 없는 것같이 더러운 마음을 억지로 순결하게 할 수는 없습니다. 마음을 순결하게 하기 위하여 성령의 지배에 맡겨야 하며, 부정한 것을 피해야 합니다. 마음을 하나님의 순수한 진리의 말씀으로 가득 채우십시오."

순결함을 지켜야 한다. 포도원을 허는 작은 여우를 잡아야 한다. 그러면 포도원에 포도가 풍성히 맺히고, 그곳에 기쁨과 감사가 넘칠 것이다.

삶7

# 가정

**성도다운 신앙생활**은 가정에서부터 시작된다. 가정은 바른 신앙생활을 배우고 실천하는 가장 이상적인 교회이다. 이러한 가정에서 배운 신앙생활은 일생 동안 영향을 미치고, 성도다운 성도가 되도록 만든다. 가정의 핵심 구성원은 부부이고, 부부를 중심으로 부모와 자녀, 그리고 형제라는 기본적 구성원이 형성된다.

성도의 가정은 어떠해야 하는가? 관계 중심이 되어야 한다. 우선 부부간에 관계가 행복하고, 부모와 자녀 간에 관계가 행복하며, 형제간의 관계가 행복해야 된다. 가족 구성원의 관계가 모두 행복할 때 가정이 행복할 수 있다. 그러기 위해서는 구성원 간에 지켜야 할 의무가 있다.

## 부부간의 의무이다

에베소서 5장 22-28절을 보면, 부부간에 반드시 지켜야 하는 의무가 있다. "의무"는 마땅히 해야 할 일을 말한다. 남편으로서의 의무가 있고, 아내로서의 의무가 있다. 부부간에 이러한 의무가 지켜질 때 행복한 가정이 될 수 있다.

### 1) 아내의 의무는 무엇인가?

"아내들이여 자기 남편에게 복종하기를 주께 하듯 하라"(엡 5:22).

아내의 의무는 복종이다. "복종"이라는 말은 '명령에 조금도 어긋남이 없이 그대로 따른다'는 뜻이다. 그러나 여기에서 복종은 군인이 상관에게 복종하는 것처럼 억지로 마지못해 복종하는 것이 아니라, 교회가 그리스도에게 복종하듯 범사에 기쁨과 감사함으로 복종하는 것을 말한다(24절). 그 이유는 남편이 아내의 머리가 되기 때문이다(23절). 성경을 보면, 여자는 남자에게서 나왔고(창 2:22), 남자를 위하여 지음을 받았다(창 2:20)고 설명하고 있다. 또한 여자가 남자보다 먼저 뱀에게 꼬임을 받고 죄에 빠졌다.

그렇지만 이것이 남편이 머리가 됨의 이유라고 볼 수는 없다. "머리가 된다"는 말은 '군림하는 존재'가 아니라 '위하는 존재'라는 의미이다. 결국 남편은 아내를 위한 존재라는 뜻이다. 그래서 "아내들이여 자기 남편에게 복종하라"고 말했다. 이것은 권유가 아니라 명령이다. 이것은 어떤 남편인가에 따라 다르게 해석할 수 있는 것이 아니다. 누구에게나 적용되는 명령이다.

어떻게 복종해야 하는가? "주께 하듯 하라"고 말했다. 교회가 예수님을 존경하듯 아내도 남편을 존경해야 한다. 교회가 예수님께 기쁨으로 순종하듯 아내도 남편에게 기쁨으로 순종해야 한다. 교회가 예수님을 드러내고 높이듯 아내도 남편을 드러내고 높여야 한다.

〈탈무드〉에 보면 이런 글이 있다.

> "딸아. 만일 네가 남편을 왕처럼 존경한다면 그는 너를 여왕처럼 대우할 것이고, 네가 여종처럼 처신한다면 남편은 너를 노예처럼 다룰 것이고, 네가 자존심을 내세워 그에게 봉사하기를 싫어한다면 그는 힘으로 너를 하녀같이 부릴 것이다. 만약 남편이 친구 집을 방문하려 간다면 몸단장을 잘해서 보내고, 남편의 친구가 놀러 오다면 그를 극진히 대접해야 할 것이다. 그렇게 하면 남편은 기꺼이 네 머리 위에 관을 씌워 줄 것이다."

아내는 남편에게 복종해야 된다.

왜 뱀이 하와를 유혹했는가? 하와만 성공하면 아담은 저절로 따라오기 때문이다. 그러나 더 큰 이유는 가정의 질서를 파괴하기 때문이다. 요즘 가정에는 아내의 목소리가 높다. 아내의 결정권이 지배적이다. 아내 없이는 아무것도 할 수 없다. 그러나 하나님은 말씀하신다. "남편에게 복종하기를 주께 하듯 하라." 이것이 아내의 의무이다.

## 2) 남편의 의무는 무엇인가?

"남편들아 아내 사랑하기를 그리스도께서 교회를 사랑하시고 그 교회를 위하여 자신을 주심같이 하라"(엡 5:25).

남편에 대한 아내의 의무가 "복종"이라면, 아내에 대한 남편의 의무는 "사랑"이다. 이것은 헌신적이고 희생적인 아가페(Αγάπη)의 사랑이요, 아내에 대한 사랑이다.

어떻게 사랑해야 하는가? 첫 번째 방법은 그리스도께서 교회를 사랑하시고, 그를 위하여 자신을 주심같이 사랑해야 한다. 예수님이 성도들을 이해하시듯이 남편은 아내의 감정을 잘 이해해야 한다. 예수님이 성도들의 필요를 채워 주시듯이 남편은 아내의 필요에 민감해야 한다. 두 번째 방법은 자기 자신과 같이 사랑해야 한다(28절). 내 몸을 사랑하는 것처럼 아내를 사랑해야 한다. 내 삶이 소중한 것처럼 아내의 삶도 소중히 여겨야 한다. 언제나, 어떤 상황에서든 아내에게 배려하고, 아내를 섬겨야 한다. 이것이 남편의 의무이다.

그러면 복종하기가 쉬운가, 사랑하기가 쉬운가? 복종이 쉽다. 복종은 싫어도 할 수 있다. 그러나 사랑은 싫으면 할 수 없다.

그래서 사도 바울은 에베소 교회 부부들에게 "아내들이여, 남편에게 복종하라"고 말했고, "남편들아, 아내를 사랑하라"고 말했다. 옛날에는 "처갓집과 화장실은 멀수록 좋다"고 했다. 그런데 요즘은 가까울수록 좋다고 말한다. 또한 친정은 멀어야 하고, 시댁은 더 멀어야 좋다고 말한다. 이것이 요즘의 현실이다.

데이비드 알프 부부$^{\text{Claudia and David Arp}}$가 쓴 《부부 사랑 만들기, 열 번의 데이트》라는 책을 보면, 부부가 열 번의 데이트를 통해 사랑을 만들어 가는 방법을 소개하고 있다. 그중에 여덟 번째 데이트는 부모의 역할과 부부의 관계에 대한 중요성을 강조하며, "이 둘 중에 어느 것이 먼저인가?"라는 질문을 하고 있다. 대부분은 부모의 역할이 먼저라고 생각한다. 그러나 부부의 관계가 좋지 않으면 절대 부모의 역할을 감당할 수 없다. 부부의 관계가 좋아야 한다. 그 이유는 세 가지이다. 첫째로, 자녀에게 안도감을 주기 때문이다. 엄마, 아빠가 서로 사랑한다는 것을 느끼면 자녀는 안도감을 갖는다. 둘째로, 인간관계의 본을 보여주기 때문이다. 자녀는 부모를 보고 인간관계 형성법을 배운다. 부모가 보는 대로 세상을 바라본다. 부모가 긍정적이면 자녀도 긍정적이고, 부모가 부정적이면 자녀도 부정적이다. 셋째로, 자녀의 갈 길을 가르쳐 주기 때문이다. 엄마, 아빠가 하는 말이 다르면 자녀는 혼란에 빠진다. 부모는 동일한 입장에서 자녀에게 갈 길을 가르쳐야 한다.

이것이 부부간의 의무이다. 부부가 서로 의무를 다하면 가정은 행복해진다.

## 부모와 자녀 간의 의무이다

에베소서 6장 1-4절을 보면, 부모와 자녀 간에도 지켜야 하는 의무가 있다. 앞에서 얘기한 것처럼 '의무'는 마땅히 해야 할 일이다. 부모로서 해야 할 의무가 있고, 자녀로서 해야 할 의무가 있다. 이러한 의무가 지켜질 때 가정이 행복하다.

1) 자녀의 의무는 무엇인가?

"자녀들아 주 안에서 너희 부모에게 순종하라 이것이 옳으니라" (엡 6:1).

자녀의 의무는 순종이다. 자녀 된 자는 부모에게 순종해야 한다. 왜냐하면 이것이 옳은 것이기 때문이다. "옳다"는 말은 마땅히 해야 할 도리라는 뜻이다.

어떻게 순종해야 하는가? "주 안에서"이다. 이것은 '하나님의 뜻에 어긋나지 않는 범위 내에서'라는 뜻이다. 그 이유는 하나님 뜻 안에 뿌리를 두기 때문이다. 그런데 2절을 보면, "네 아버지와 어머니를 공경하라"고 말했다. "공경"에는 "주 안에서"라는 단서가 없다. 왜냐하면 어떤 상황에서도 반드시 실천해야 하는 것이기 때문이다. 부모의 권위보다 하나님의 권위가 우선이지만, 부모 공경은 자녀가 마땅히 실천해야 할 의무이다. 이것은 인간관계에서 첫 번째의 계명이고, 자녀가 잘되고 땅에서 장수하는 비결이다(3절).

2) 부모의 의무는 무엇인가?

"또 아비들아 너희 자녀를 노엽게 하지 말고 오직 주의 교훈과 훈계로 양육하라"(엡 6:4).

부모의 의무는 자녀를 노엽게 하지 않는 것이다. 이것은 '화나게 하지 말라'는 뜻이 아니라 '분노로 상처를 만들지 말라'는 뜻이다. 즉, 자녀의 마음에 '쓴 뿌리가 생기지 않도록 하라'는 의미이다. 자녀를 자신의 소유물인 양 다루거나 비인격적으로 대우하면 자녀의 마음에 노여움이 자라게 된다.

무엇을 가르쳐야 하는가? "오직 주의 교훈과 훈계", 즉 하나님의 말씀을 가르쳐야 한다. 자녀들에게 말씀을 가르치는 신앙교육은 부모의 의무이다.

신명기 6장 7절 말씀을 보면, "네 자녀에게 부지런히 가르치며 집에 앉았을 때에든지 길을 갈 때에든지 누워 있을 때에든지 일어날 때에든지 이 말씀을 강론할 것이며"라고 말했다. 하나님은 이스라엘 백성들에게 '쉐마'의 말씀(신 6:4-9)을 주셨다. '쉐마'는 '들으라'는 뜻으로 이스라엘 백성들이 그 자녀들을 어떻게 신앙교육 해야 하는지를 가르쳐 준 것이다.

신앙교육은 하나님이 부모에게 주신 가장 기본적이고 우

선적인 의무이다. 부모는 자녀들에게 신앙교육을 "부지런히" 해야 한다. 왜냐하면 대부분은 부지런하지 않기 때문이다. 열심히 신앙생활을 하는 부모 중에도 교육내용의 우선순위가 바뀌어 있는 것을 볼 수 있다. 신앙교육보다 학교교육에 더 비중을 두고 있다. 이 비중은 시간을 말하는 것이 아니라 중요성을 말한다.

믿음의 가정은 신앙교육에 우선순위를 두어야 한다. 학교나 학원을 가야 한다고 하더라도 예배드리는 것을 포기하지 않도록 가르쳐야 한다. 이것이 부모의 역할이고, 의무이다. 이 의무를 행하지 않으면, 자녀는 장차 하나님을 섬기는 사람이 되기 어렵다. 자녀를 위해 간절히 기도도 해야 하지만 자녀들과 함께 기도하는 것이 더 중요하다. 자녀와 교제하는 것도 중요하지만 자녀와 함께 예배드리는 것이 더 중요하다.

자녀에 대한 신앙교육은 전생활권 교육이 되어야 한다. 집에 앉아 있을 때에든지, 길을 갈 때에든지, 누워 있을 때에든지, 일어날 때에든지 때와 장소를 가리지 않고, 부지런히 가르쳐야 한다. 이것이 부모의 의무이다.

삶8

# 고난 극복

　　초등학교 때에 2km를 걸어서 학교를 다녔고, 중학교 때에는 4km를 자전거를 타고 다녔다. 그때 자전거를 처음 배웠는데, 자전거를 배우며 넘어진 것을 생각하면 지금도 끔찍하다. 그러면서 터득한 것은 균형을 잘 잡는 것이었다. 그런데 그보다 더 중요한 것은 넘어질 때 핸들을 넘어지는 쪽으로 돌리는 것이었다. 처음에는 쉽지 않았다. 넘어지는 쪽으로 핸들을 돌리면 더 심하게 넘어질 것 같았기 때문이다. 그런데 그렇게 했더니 신기하게도 다시 굴러가는 것이다. 이 비결을 터득하고, 그다음부터는 넘어지려면 무조건 넘어지는 쪽으로 핸들을 돌렸다.

　　인생의 삶도 마찬가지이다. 넘어지려 할 때, 고난이 찾아올 때에는 그쪽으로 집중해야 한다. 고개를 돌리고 싶고, 모른 척하고도 싶지만 그러면 고난은 더 크게 다가온다. 고난을 외면하지 말고 마주 대해야 한다. 넘어지려는 쪽으로 핸들을 돌려야 한다. 그러면 다시 일어날 수 있다.

하나님은 선택한 이스라엘 백성을 출애굽시키신 후에 곧바로 가나안 땅으로 인도하지 않으시고, 광야에서 40년 동안 훈련시키시며, 그들에게 고난을 주셨다.

## 고난을 주시는 목적이 무엇인가?

### 1) 낮추시려는 것이다

> "네 하나님 여호와께서 이 사십 년 동안에 네게 광야 길을 걷게 하신 것을 기억하라 이는 너를 낮추시며 너를 시험하사 네 마음이 어떠한지 그 명령을 지키는지 지키지 않는지 알려 하심이라"(신 8:2).

하나님이 이스라엘 백성에게 40년 동안 광야의 길을 걷게 하신 것은 "낮추시며 시험하사 명령을 지키는지 지키지 않는지 알려 하심이라"고 말했다. 사람은 고난을 당하지 않으면 겸손해지지 않는다. 왜냐하면 고난이 자신의 한계를 드러내 주기 때문이다. 그래서 인간은 고난 앞에서 자신이 할 수 있는 것과 할 수 없는 것을 알게 된다. 즉 자신의 한계를 경험하게 된다. 그전까지는 잘난 맛에 살았고, 자기가 잘해서 된 줄 알았는데, 고난을 겪으면서부터는 자신도 보잘것없는 존재임을 깨닫고, 자신의 무력함을 인정하며, 낮아지고 겸손해진다.

하나님은 그들을 낮추기 위해 고난을 주셨다. 교만하면 하나님을 의지하지 않고, 말씀에 순종하지도 않기 때문이다.

### 2) 말씀대로 살게 하시려는 것이다

> "너를 낮추시며 너를 주리게 하시며 또 너도 알지 못하며 네 조상들도 알지 못하던 만나를 네게 먹이신 것은 사람이 떡으로만 사는 것이 아니요 여호와의 입에서 나오는 모든 말씀으로 사는 줄을 네가 알게 하려 하심이니라"(신 8:3).

하나님이 광야에서 그 백성들에게 만나를 주신 것은 사람이 말씀으로 사는 줄을 알게 하시려는 것이었다. 왜냐하면 사람의 생명은 떡에 있지 않고 말씀에 있기 때문이다. 여기서 떡은 음식만을 말하지 않고 사람이 살아가는 데 필요한 돈, 직장, 인간관계 등 신앙적인 부분을 제외한 모든 것을 말한다.

물론 그런 것들도 필요하다. 그러나 그런 것만으로는 살 수 없다. 반드시 하나님의 말씀이 있어야 한다. 이것을 깨닫기가 쉽지 않다. 오랜 기간 동안 신앙생활을 한 사람 중에도 말씀보다 떡을 더 사모하는 사람들이 많다. 그런데 손에 있던 떡이 다 없어지고 난 다음에 그때에야 비로소 떡이 아니라 말씀으로 산다는 것을 깨닫는다. 떡은 유한한 것이지만 말씀은 영원한 것이다.

### 3) 복을 주시려는 것이다

"네 조상들도 알지 못하던 만나를 광야에서 네게 먹이셨나니 이는 다 너를 낮추시며 너를 시험하사 마침내 네게 복을 주려 하심이었느니라"(신 8:16).

하나님이 광야에서 이스라엘 백성들에게 고난을 주신 것은 "마침내 복을 주려 하심이었다"라고 말했다. 그래서 고난은 복을 받기 위한 준비 과정이다. 돈을 관리할 수 있는 능력이 없는데 재산을 넘겨주는 부모는 없다. 이처럼 복을 받을 만한 그릇이 준비되지 않으면 복을 받지 못한다. 하나님은 복받을 그릇을 만들어 준 다음에 복을 부어 주신다. 그래서 "고난은 변장된 축복"이라고 말한다.

옥한흠 목사는 '고난'에 대해서 이렇게 말했.

"고난은 문제가 아니라 훈련이다. 당신에게 오는 고난을 겁내지 말라. 불안하게 생각하지 말라. 고난을 자기 팔자소관이라고 하는 것은 불신앙이다. 고난은 문제가 아니라 기회이고, 훈련과 축복이다."

이 말을 인정하기란 쉽지 않다. 특히 지금 고난을 겪고 있는 사람이라면 더욱 그렇다. 그러나 이미 고난을 통해 하나님이 주시는 복을 경험해 본 사람이라면 쉽게 수긍할 수 있다. 오히려 만약 우리 인생에 고난이 없다면 이것은 매우 위험한 일이다. 왜냐하면 교만하여 하나님을 잊어버리기 쉽고(신

8:14), 내가 잘나서, 내 힘으로 복을 누리고 있다는 착각에 빠지기 쉽기 때문이다.

영국의 과학자 알프레드 월레스$^{Alfred\ Wallace}$는 어느 날 고치 속에 있는 애벌레가 나방으로 탈바꿈하는 과정을 관찰했다. 애벌레가 나방이 되어 고치 속에서 밖으로 나오려고 발버둥치며 온 힘을 다하는 모습을 보고는 안쓰러워 칼로 고치를 쭉 잘라 주었다. 그런데 밖으로 빠져나온 나방은 날지 못하고 곧 죽어 버렸다.

놀란 그가 나방의 죽음을 연구해 본 결과, 나방은 고치를 뚫고 나오려고 발버둥칠 때 날개에서 기름이 나오고, 그 기름 때문에 고치에서 나온 나방이 햇볕을 받을 때 날개가 마르지 않고 펴져서 하늘을 날 수 있다는 것을 알게 되었다. 불쌍하다고 고치를 잘라 주면 고통은 제거되지만 결국은 날지 못하고 죽고 만다.

그렇다. 우리는 고난 받기를 원하지 않고, 고난당했을 때 누군가 제거해 주기를 바란다. 하지만 그렇게 되면 우리의 삶은 날지 못하는 나방과 같이 되고 만다. 그래서 고난은 하나님의 섭리이고, 그 섭리는 선한 것이다. 그 결과도 반드시 선하다. 이것을 믿는다면 우리는 고난을 감사의 조건으로 생각해야 한다.

## 고난을 어떻게 극복해야 하는가?

### 1) 욥을 보라

욥기 1장을 보면, 욥은 온전하고 정직하여 하나님을 경외하며 악에서 떠난 자였다. 그는 소유물이 많은 큰 부자였고, 자녀들을 믿음으로 잘 양육한 자였다. 잔치가 끝난 후에는 혹시 자녀들이 마음으로 하나님께 죄를 범하지 않았을까 걱정하여 그들의 명수대로 번제를 드릴 만큼 훌륭한 믿음을 가진 사람이었다.

그런데 이러한 욥이 하루아침에 큰 고난을 당했다. 모든 재산이 사라졌고, 열 명의 자녀들이 모두 죽었으며, 그의 온 몸에는 종기가 나서 질그릇 조각으로 긁을 정도였다. 이 모든 고난은 어느 날 하루아침에 일어났다.

그러나 욥은 고난의 상황에서 하나님을 원망하거나 좌절하지 않았다. 죄를 범하지 않았고, 오히려 하나님께 예배했다. 그 이유는 하나님의 주권을 인정했기 때문이다. 욥에게는 자기의 생명과 재산이 다 하나님의 것임을 인정하는 믿음이 있었다. 그래서 고난의 상황에서도 "주신 이도 여호와시요 거두신 이도 여호와시오니"(욥 1:21)라고 고백했다.

고난은 갑자기 닥친다. 고난의 상황에 어떻게 대처하는가를 보면 그가 어떤 존재인가, 하나님에 대한 신앙이 어느 정도인가를 알 수 있다. 욥을 보아도 그렇다. 그런데 욥은 고난을 통해서 연단된 사람이 아니라 고난 이전에 이미 연단되어 있던 사람이었다. 그래서 우리는 고난에 대한 욥의 반응뿐만 아니라 고난 이전에 욥이 가졌던 신앙을 배워야 한다. 욥은 고난을 이겨낼 준비가 되어 있는 믿음의 사람이었다.

지금 우리는 어떠한가? 고난을 이겨낼 준비가 되어 있는 가? 나의 소유물과 생명이 모두 하나님의 것임을 인정하고 있는가? 만약 그렇다면 욥처럼 고난을 잘 극복하게 될 것이다.

### 2) 예레미야를 보라

예레미야애가 3장을 보면, 선지자 예레미야는 고난의 순간에 하나님의 인자와 긍휼이 무궁하다는 사실을 기억했다(22절). 바벨론에 의해 예루살렘 성이 돌 위에 돌 하나도 남지 않고 다 무너지고 성전이 훼파되는 고난이 닥친 상황에서도 예레미야는 먼저 하나님의 성품(인자와 긍휼)을 묵상했다. 그는 개인적인 영적 고난과 민족적인 수난 앞에서도 절망하지 않고, 아침마다 하나님의 인자와 긍휼을 새롭게 느꼈다.

> ♪ 주의 인자는 끝이 없고 그의 자비는 무궁하며
> 　아침마다 새롭고 늘 새로우니
> 　주의 성실이 큼이라 성실하신 주님

아침마다 새롭다는 말은 선지자 예레미야가 아침마다 말씀을 읽고, 하나님께 기도했다는 뜻이다. 예레미야는 고난 속에도 하나님의 말씀으로 큐티하고, 기도하며, 하나님의 성품을 묵상했다. 이것이 고난을 이겨낼 수 있는 비결이 되었다.

## 고난이 주는 유익은 무엇인가?

### 1) 말씀에 순종하게 한다

> "고난당하기 전에는 내가 그릇 행하였더니 이제는 주의 말씀을 지키나이다"(시 119:67).

고난은 하나님의 말씀대로 살게 하는 유익이 있다. 고난당하기 전까지는 내 마음대로 살다가 어느 순간, 갑자기 고난을 당하게 되면 그제야 비로소 잘못을 깨닫고 말씀에 순종하게 된다. 이것이 고난이 주는 유익이다.

어떤 목사님의 딸이 안 믿는 남자와 교제를 했다. 아버지 목사님이 극구 말렸는데도 딸은 듣지 않고, 기어이 자신의 뜻대로 결혼했다. 그 후 10년 동안 그는 교회도 다니지 않고, 자기 마음대로 살았다. 그러던 중에 어느 날 하나밖에 없는 아들이 갑자기 병에 걸렸다. 그런데도 그는 하나님 앞에 나와 기도하지 않았고, 결국 그 아들이 죽고 말았다.

그제야 교회에 나와 괴롭고 답답한 마음을 목사님께 하소

연했다. "하나님이 어떻게 이럴 수 있습니까?" 회개하기는커녕 도리어 하나님을 원망했다. 심지어 목회자 자녀라는 사실도 고백하며 온갖 넋두리로 하나님을 원망했다.

듣다 못해 목사님이 한마디했다. "당신과 같은 사람은 그 정도로 얻어터져야 교회에 나오는 걸 어떡합니까?" 웬만하면 좋은 말로 위로하고 싶었지만 줄곧 원망하는 것을 보고는 심하게 꾸짖었던 것이다. 그러자 그가 무릎 꿇고 회개했다고 한다.

### 2) 고난당한 자를 위로할 수 있다

> "우리의 모든 환난 중에서 우리를 위로하사 우리로 하여금 하나님께 받는 위로로써 모든 환난 중에 있는 자들을 능히 위로하게 하시는 이시로다"(고후 1:4).

고난을 받으면 고난당한 자를 이해할 수 있을 뿐만 아니라 그를 위로하며 도와줄 수 있는 힘과 지혜를 얻게 된다. 헨리 나우웬이 쓴 《상처 입은 치유자》는 책 제목만으로도 의미심장하다. 비인간화되어 가는 현대사회에서 상처받은 영혼들이 많고, 목회자들 자신이 먼저 마음속에서 아픈 상처를 경험해 보지 않고는 치유자가 될 수 없음을 역설한다.

예수님이 이 세상에 오셔서 십자가를 지신 사건도 우리를 구원하시기 위해 친히 '상처 입은 치유자'가 되신 것이다. 실제로, 배우자를 잃은 슬픔에 빠진 사람에게는 그 누구의 위로도 위로가 되지 않지만 똑같은 상처를 받은 사람의 위로는 큰 위로가 될 수 있다. 고난이 주는 유익은 고난당한 자를 위로할 수 있는 자격을 얻는 것이다.

### 3) 더 큰 복을 받게 한다

> "욥이 그의 친구들을 위하여 기도할 때 여호와께서 욥의 곤경을 돌이키시고 여호와께서 욥에게 이전 모든 소유보다 갑절이나 주신지라"(욥 42:10).

고난을 통하여 영적인 복과 세상적인 복도 함께 받고, 이전에 받은 복보다 더 큰 복을 받는다. 욥이 그러했다. 이전의 모든 소유보다 갑절이나 받았다.

온실 안에서 키우는 화초는 햇빛에 노출시키는 것도 있고, 주위를 어둡게 하여 덮어두는 것도 있다. 덮어 두면 뿌리가 더 깊이 내려간다. 이처럼 신앙은 고난의 때에 더 깊어진다.

조용한 섬나라 뉴질랜드에는 날지 못하는 새가 다섯 종류가 있다고 한다. 새가 날지 못하는 이유는 포식자가 없기 때문이다. 그러니 굳이 날아오를 필요가 없고, 나뭇가지나 땅에서 지내다 보니 날지 못하는 새가 된 것이다.

그러나 고난은 우리를 날아오르게 한다. 고난과 연단으로 우리의 신앙은 더 깊어지고, 하늘로 날아오르게 된다.

삶9
# 예수님의 주재권(主宰權)

오랜만에 전에 다녔던 단골식당에 갔는데, 식당이 완전히 달라졌다. 인테리어도 달라졌고, 종업원들의 유니폼도 달라졌고, 음식을 담는 그릇도 달라졌다. 웬일인가 싶어 종업원에게 물어보았다. "아니, 식당이 완전히 달라졌네요?" 그러자 종업원이 대답했다. "주인이 바뀌었어요!"

주인이 바뀌면 달라진다. 식당도 달라지고, 기업도 달라지고, 교회도 달라지고, 내 인생도 달라진다.

우리 인생의 주인은 예수님이다. 예수님은 우리 인생의 주인으로서 권리를 행사하신다. 그뿐만 아니라 만물의 주인이시고, 만물을 다스리고 관리하신다. 이것을 신학적으로 '주재권'이라고 말한다. 이 세상에서 예수님이 주재하지 않으시는 영역은 없다.

## 예수님이 주재권자이신 근거가 무엇인가?

### 1) 창조자(創造者)이시다

"내 이름으로 불려지는 모든 자 곧 내가 내 영광을 위하여 창조한 자를 오게 하라 그를 내가 지었고 그를 내가 만들었느니라"(사 43:7).

"내 이름으로 불려지는 자"는 히브리적인 표현으로 하나님의 소유 된 자를 뜻한다. 하나님은 그의 영광을 위하여 소유 된 자들을 창조하셨다. 하나님이 우리를 짓고 만드신 창조자이시기에 주재권자이신 것이다.

### 2) 주재권(主宰權)을 넘겨받으셨다

"하늘에 있는 자들과 땅에 있는 자들과 땅 아래에 있는 자들로 모든 무릎을 예수의 이름에 꿇게 하시고 모든 입으로 예수 그리스도를 주라 시인하여 하나님 아버지께 영광을 돌리게 하셨느니라"(빌 2:10-11).

하나님은 자신의 주재권을 예수님에게 넘겨주셨고, 모든 피조물들 곧 하늘에 있는 자들과 땅에 있는 자들과 땅 아래에 있는 자들로 하여금 모든 무릎을 예수님의 이름에 꿇게

하셨다. 또한 모든 입으로 예수 그리스도를 주로 시인하도록
하셨다. 이처럼 예수님이 주재권을 넘겨받으셨기에 주재권자
이신 것이다.

### 3) 만물(萬物)이 그에게 속해 있다

"이는 만물이 주에게서 나오고 주로 말미암고 주에게로 돌아감이
라 그에게 영광이 세세에 있을지어다 아멘"(롬 11:36).

만물은 예수님께 속해 있다. 왜냐하면 예수님에게서 나오
고, 예수님으로 말미암고, 예수님에게로 돌아가기 때문이다.
만물의 시작과 과정과 끝이 모두 예수님께 달려 있다. 그래
서 예수님이 주재권자이신 것이다. "만물"이라는 단어 대신
에 자신의 이름을 한번 넣어 보라. 그러면 훨씬 더 실감 있게
예수님의 주재권을 인정할 수 있다.

## 예수님의 주재권을 인정하는가?

### 1) 바울은 인정했다

"우리가 살아도 주를 위하여 살고 죽어도 주를 위하여 죽나니 그
러므로 사나 죽으나 우리가 주의 것이로다"(롬 14:8).

사도 바울은 "우리가 살아도 주를 위하여 살고 죽어도 주를 위하여 죽는다"고 고백했다. 이것은 우리의 삶 전부가 주를 위하여 사용되어야 한다는 뜻이다. 실제로 바울은 주를 위하여 자신이 소유한 것을 모두 배설물로 여겼다. 그리고 생명을 걸고 복음을 전했다. 그 이유는 예수님이 주재권자이심을 인정했기 때문이다. 또한 바울은 "사나 죽으나 우리가 주의 것이로다"라고 고백했다. 우리가 가진 것 곧 가족과 재산과 삶의 터전과 생명까지도 다 주의 것이다. 우리의 것은 하나도 없다. 바울은 이것을 인정했다. 이처럼 그리스도인의 삶은 예수님이 주재권자이심을 인정하는 데서부터 시작된다.

어떤 랍비에게 두 아들이 있었는데, 그가 외출한 사이에 사고로 모두 죽고 말았다. 집에 있던 아내는 남편에게 어떻게 말해야 할지 고민이 되었다. 일단 두 아들의 시신을 방으로 옮겼다. 한참 후에 랍비가 돌아왔을 때 아내가 이렇게 물었다. "여보, 예전에 어떤 사람이 제게 귀중한 보석 두 개를 맡기고 갔는데, 오늘 느닷없이 그가 찾아와서는 그것을 돌려 달라는데 어떻게 할까요?" 랍비는 별생각 없이 대답했다. "아니, 주인이 달라고 하면 당연히 돌려주어야지!" 그제야 아내는 남편을 데리고 죽은 두 아들이 있는 곳으로 가서 흐느끼며 말했다. "방금 하나님께서 우리에게 맡겨 놓으셨던 귀중한 보석들을 찾아가셨답니다."

우리가 가지고 있는 그 어떤 것도 우리의 것은 없다. 우리는 잠시 맡아 관리하는 것뿐이다. 우리의 자녀도, 재물도, 생명도 그렇다. 주인은 예수님이다. 이것을 인정하고, 우리는 맡겨 주신 예수님께 감사해야 한다.

### 2) 라오디게아 교회는 인정하지 않았다

"네가 말하기를 나는 부자라 부요하여 부족한 것이 없다 하나 네 곤고한 것과 가련한 것과 가난한 것과 눈먼 것과 벌거벗은 것을 알지 못하는도다"(계 3:17).

요한계시록에 나오는 라오디게아는 소아시아 지역을 관통하는 세 도로의 교차 지점에 위치하고 있고, 상업과 행정의 중심지 역할을 했다. 또한 직물공업과 의료기술이 발달되어 물질적인 풍요를 누렸던 곳이다. 하지만 그곳 사람들은 세상적인 가치만을 추구했다. 이곳에 골로새 교회의 신실한 일꾼 에바브라가 교회를 세웠다(골 4:12-13).

그런데 라오디게아 교회에는 두 가지의 큰 문제가 있었다. 첫째는 신앙에 적극성이 없었다. 요한계시록 3장 15절을 보면 그들의 행위가 차지도 아니하고 뜨겁지도 아니했다. 16절에도 그들의 신앙은 미지근하였다고 기록되어 있다. 이처럼 그들의 신앙생활은 미온적이었다. 나태하고, 무기력했으며, 결단력과 지속성이 없었다.

둘째는 영적 자만에 빠져 있었다. 17절을 보면, "나는 부자라 부요하여 부족한 것이 없다"라고 말했다. 이처럼 그들은 영적 자만에 빠져 있었다. '자만'은 글자 그대로 '자기만족'을 말한다. 이것은 '더 필요한 것이 없다'는 뜻이다. 이같이 자만에 빠지면 더 필요한 것을 느끼지 못한다. 하나님을 의지하지도, 바라보지도 않게 된다. 이러한 문제로 라오디게아 교회는 예수님을 문밖에 서 계시게 했다(20절). 여기서 "문"은 마음의 문을 은유적으로 표현한 말이다. 라오디게아교회는 예수님을 마음에 모셔 들이지 않았다. 예배는 드렸지만 예수님과의 영적 교제가 끊어져 있었다.

지금 우리에게 예수님은 어디에 계시는가? 만약 문밖에 서 계시다면 우리의 신앙이 적극적이지 못하고, 영적 자만에 빠져 있기 때문일 수도 있다. 그러므로 속히 마음의 문을 열고, 주재권자이신 예수님을 나의 주인으로 영접해야 한다. 그러면 예수님이 마음속으로 들어와 우리는 예수님과 더불어 먹게 될 것이고, 그럴 때 우리 삶은 더욱 풍요로워지고 행복해질 것이다.

그러나 예수님을 영접하기 위해서는 두 가지 조건이 있다. 먼저는 회개해야 한다. 회개는 마음속에 있는 세상 것들에 대한 처방이다. 이것들을 내어 버려야 한다. 마음을 깨끗이 청소해야 한다. 그럴 때 비로소 예수님을 마음에 영접할 수 있다. 둘째는 미지근한 영적 생활을 일소해야 한다. 단번에 없애 버려야 한다. 이것이 마음의 문을 열고, 주재권자이신 예수님을 영접하는 최선의 처방이다.

## 어떤 유형의 사람인가?

대학생선교회(C.C.C)의 창시자 윌리엄 빌 브라이트<sup>William R. Bill Bright</sup> 박사는 예수님의 주재권을 중심으로 세 가지 유형의 사람을 구별하여 그림으로 그렸다. 이것은 대학생선교회에서 출판한 〈사영리〉 교재와 국제제자훈련원에서 출판한 〈제자훈련Ⅲ, 작은 예수가 되라〉 교재에 자세하게 기록되어 있다. 큰 원은 우리의 마음이고, 의자는 마음 중심이며, 작고 검은 점은 우리가 계획하는 여러 가지 인생사이다. 십자가는 예수님이다.

### 1) 비그리스도인(엡 2:1-3)

이 그림을 보면, 의자에는 내가 앉아 있고, 예수님은 내 마음 밖에 있다. 그리고 인생사의 모양과 방향은 제각각이다. 이것은 예수님을 영접하지 않은 비그리스도인(불신자)의 모습이다. 이런 사람은 자기가 인생의 주인이고, 인생사도 복잡하다. 왜냐하면 그들은 허물과 죄로 죽은 자들이기 때문이다. 세상 풍조를 따르고, 공중 권세를 잡은 자를 따르며, 육체의 욕심을 따라 행하고, 마음에 원하는 대로 행하는 본질상 진노의 자녀이기 때문이다.

### 2) 육신에 속한 그리스도인(고전 3:1-3)

이 그림을 보면, 의자에는 여전히 내가 앉아 있고, 의자 아래에 예수님이 있다. 인생사의 모양과 방향도 여전히 제각각이다. 이것 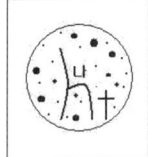 은 예수님을 마음속에 영접은 했지만, 여전히 자기가 주인인 육신에 속한 그리스도인의 모습이다. 이런 사람은 평소에는 예수님을 손님 정도로 생각하다가 필요할 때만 찾는다. 인생사도 여전히 복잡하다. 왜냐하면 그들은 신령한 은사와 은혜를 맛보지 못했기 때문이다. 영적 어린아이로 육신의 것만 구하고, 성숙하지 못해 항상 보살펴 주어야 하며, 매사가 자기중심적이다. 그런데 오늘날 교회 안에는 이런 유형이 가장 많다.

### 3) 성령에 속한 그리스도인(갈 2:20)

이 그림을 보면, 의자에는 예수님이 앉아 계시고, 의자 아래에는 내가 있다. 인생사도 전부 예수님을 향하고 있다. 얼마나 보기가 좋은가! 이것은 예수님 중심으로 살고, 예수  님이 내 삶의 주인이심을 인정하는 성령에 속한 그리스도인의 모습이다. 이들은 자기를 예수님과 함께 십자가에 못 박았다. 마음속에 있는 옛사람을 죽이고, 예수님으로 다시 살아간다. 자기의 생각이나 판단대로 하지 않고, 언제나 예수님께 묻고, 성령의 인도에 따라 살아간다. 우리는 이러한 성도가 되어야 한다.

우리는 기도할 때에 "주님!"이라고 부른다. 여기서 '주'는 주인 주主자를 쓴다. '내 삶의 주인은 주님이시다'라는 뜻이다. 주님은 내 삶을 책임지는 운전사이시다. 그런데 지금 예수님은 어디에 계시는가? 어떤 사람은 스페어타이어로 여겨 자동차 트렁크에 모시고 있다. 갑자기 타이어가 펑크가 났을 때만 예수님을 찾는다. 어떤 사람은 뒷좌석에 모시고 있다. 어디로 가야 할지 알지 못할 때만 백미러를 보며 예수님을 찾는다. 어떤 사람은 옆좌석에 모시고 때때로 예수님과 대화하며 예수님이 원하는 방향으로 가지만, 내 삶의 운전석에는 여전히 내가 앉아 있다. 내가 모든 것을 결정한다. 그러다가 큰 위기를 만나면 그제야 자리를 비켜 드린다.

내 삶의 운전석에는 예수님이 앉아 계셔야 한다. 이것이 가장 안전하다. 왜냐하면 내 인생의 주인, 곧 주재권자이시기 때문이다. 우리는 예수님의 주재권을 인정하고, 내 마음에 주인으로 모시고 사는 성령에 속한 그리스도인이 되어야 한다.

삶10

# 지혜로운 청지기

· ·

　　　　　남의 물건을 빌려다가 오랫동안 쓰게 되면 내 것인 줄 착각할 때가 있다. 돌려줄 때가 되면 아쉬운 생각이 들기도 한다. 그런데 이러한 착각은 귀중한 것일수록 더 심해진다. 예를 들어, 우리의 생명과 자녀와 건강과 같은 것들이다. 그러나 이것들은 내 것이 아니라 하나님의 것이다. 단지 우리는 청지기일 뿐이다.

　청지기는 주인의 것을 맡아 책임 있게 관리하고, 양심에 가책을 받지 않도록 충성해야 하는 사람이다. 왜냐하면 때가 되면 반드시 돌려줘야 하기 때문이다. 그래서 청지기에게는 지혜가 있어야 한다. 청지기의 지혜가 무엇인가? 에베소서 5장 15절 말씀을 보면, '어떻게 행할지를 자세히 주의하는 것'이다. "행한다"는 말은 행동만이 아니라 어떻게 살아야 할지에 대한 방법이다. 이것을 자세히 주의하는 것이 지혜이다.

　그러면 누가 지혜로운 청지기인가?

## 시간의 청지기이다

"세월을 아끼라 때가 악하니라"(엡 5:16).

사도 바울은 에베소 교회 성도들에게 "지혜 없는 자같이 하지 말고 오직 지혜 있는 자같이 하여 세월을 아끼라"고 했다. 지혜로운 청지기는 세월을 아낀다. 세월을 아낀다는 말은 헬라어로 '시간을 구속하다'라는 뜻으로 '돈을 주고 시간(기회)을 산다'는 의미이다. 즉 시간을 선용한다는 말이다.

발명가 에디슨은 바쁘게 살면서 5분, 10분의 자투리 시간도 잘 활용했다. 항상 메모지를 들고 다니며 아이디어를 적었다. 그 때문에 그는 보통 사람보다 몇 배나 되는 업적을 쌓을 수 있었다. 그래서 에디슨은 이러한 명언을 남겼다. "세상에서 가장 바보 같은 변명은 시간이 없다는 말이다."

지혜로운 청지기는 시간을 선용한다. 하루 24시간을 분으로 계산하면 1,440분이다. 하나님은 우리에게 매일 1,440만 원의 돈은 주지 않지만, 1,440분의 시간을 주신다. 그러면서 잘 사용하라고 말씀하신다.

어떻게 시간을 사용해야 하는가?

종종 급한 일들 때문에 중요한 일을 놓치는 경우가 있다. 그러나 아무리 급하다고 해도 중요한 일은 미루면 안 된다. 《늘 급한 일로 쫓기는 삶》이라는 책에서 찰스 험멜Charles

Hummel은 이 문제를 해결하기 위해 "우선순위를 정하라"고 말했다.

자동차를 운전하는데, 연료 램프에 빨간불이 들어왔다면 가는 길이 아무리 급해도 기름부터 넣어야 한다. 이것이 우선순위이다. 어떤 분은 돈을 벌기 위해 열심히 일하다가 갑자기 병에 걸려 죽고 말았다. 건강검진을 한 번도 받지 못했다. 무엇이 우선순위인가? 건강관리이다. 어떤 분은 성공하여 효도하려고 했는데 부모님이 돌아가셨다. 중요한 일은 미루면 안 된다. 신앙생활도 마찬가지이다. 아무리 급해도 예배를 놓치면 안 된다. 예배보다 중요한 것은 없다. 하루를 시작하면서도 하나님으로부터 큐(Cue) 사인을 먼저 받아야 한다.

우리는 중요한 것을 미루면 안 된다. 왜냐하면 때가 악하기 때문이다. 사도 바울은 에베소교회 성도들에게 지금은 "때가 악하다"라고 말했다. 이것은 하나님의 심판이 가까워졌다는 뜻이다. 심판의 때가 가까워질수록 우리에게 남은 시간은 많지 않다.

미국의 뉴욕을 떠나 샌프란시스코로 가던 여객선 '센트럴 아메리카 호'가 바다 한가운데서 고장이 났다. 물이 배 안으로 스며들었고, 선장은 구조요청 신호를 보냈다. 마침 부근을 지나던 다른 배가 그 신호를 보고 달려와서 승객들을 모두 옮겨 타도록 했다. 그러나 선장은 옆에서 잠시만 기다려 달라고 말했다. "캄캄한 밤이라 승객들이 이동하는 데 혼란스러울 수 있으니, 우리가 한번 고쳐 보고, 그래도 안 되면 아침에 옮겨 타도록 하자"고 말했다. 구조선의 선장은 승객부터 먼저 옮기는 것이 중요하다고 말했지만 답변은 기다려 달라는 것이었다. 그래서 할 수 없이 기다리고 있는데, 한 시간쯤 지났을 때 보니 고장 난 배가 보이지 않았다. 센트럴 아메리카 호가 승객을 태운 채 침몰해 버린 것이다.

우리에게도 남은 시간은 많지 않다. 이것을 알면 우리는 시간의 청지기로 살아야 한다.

로마서 12장 2절에서 사도 바울은 "너희는 이 세대를 본받지 말고 오직 마음을 새롭게 함으로 변화를 받아 하나님의 선하시고 기뻐하시고 온전하신 뜻이 무엇인지 분별하도록 하라"고 말했다.

하나님의 뜻이 무엇인가?

첫째는 내가 복음을 전하는 것이다. 이것은 교회의 존재 이유이고, 성도가 부름을 받은 목적이다. 하나님은 교회를 통해 그의 나라를 확장시키기 원하신다.

둘째는 내가 작은 예수가 되는 것이다. 내 안에 있는 성품이 하나님의 형상을 닮아가는 것이다.

셋째는 내가 평신도 지도자가 되는 것이다.

넷째는 내게 주신 은사와 재능으로 교회와 사회를 섬기는 것이다.

다섯째는 나를 통해 믿음의 가정을 만드는 것이다. 믿음으로 자녀를 양육하고, 믿음으로 참된 남편과 아내가 되는 것이다. 이것이 하나님의 뜻이다.

지금 우리는 하나님 앞에 섰을 때 시간의 청지기로서 칭찬받을 수 있겠는가? 만약 그렇지 못한다면 하나님의 뜻을 분별해야 한다. 노아 시대의 사람들은 시간을 낭비했다(눅 17:26-30). 그들은 먹고 마시고 방탕하게 살았다. 이로 인해 모두 홍수심판을 받아 멸망당하고 말았다. 우리는 세월을 아껴야 한다. 때가 악하기 때문이다. 시간을 선용하고, 우선순위에 따라 배분하여 중요한 일을 먼저 해야 한다. 이것이 시간의 청지기이다.

## 재물의 청지기이다

"나와 내 백성이 무엇이기에 이처럼 즐거운 마음으로 드릴 힘이 있었나이까 모든 것이 주께로 말미암았사오니 우리가 주의 손에서 받은 것으로 주께 드렸을 뿐이니이다"(대상 29:14).

다윗과 그 백성은 성전 건축을 위해 힘을 다하여 즐거운 마음으로 재물을 드렸다. 그리고 "모든 것이 주께로 말미암고, 우리가 주의 손에서 받은 것으로 주께 드렸을 뿐이라"고 말했다. 다윗은 소유권이 하나님께 있고, 하나님으로부터 위탁받은 것임을 인정했다.

우리도 인정할 수 있어야 한다. 만약 그렇지 못한다면, 그것은 인생이 무엇인지 알지 못하기 때문이다.

다윗은 자신을 이방 나그네와 거류민과 같다고 말했다(대상 29:15). 나그네나 거류민은 소유에 대한 욕심이 없다. 금방 떠날 것이기 때문이다. 그래서 다윗은 이 세상에서 사는 날을 마치 그림자와 같다고 했다. 그림자는 잠시 있다가 사라져 버린다. 이것이 인생이다. 그런데 무엇에 집착하겠는가?

세상의 것에 집착할 필요가 없다. 무엇을 가졌든, 그것은 내 것이 아니다. 하나님의 것이다. 이것을 인정하지 못하면 '나의 소유권'에서 절대로 벗어날 수 없다. 이것은 소유의 문제가 아니라 소유권의 문제이다.

우리는 재물의 청지기가 되어야 한다. 청지기는 하나님이 주인 됨과 내가 청지기임을 시인한다.

이런 청지기는 두 가지의 마음으로 재물을 드린다. 첫째는 정직한 마음이고, 둘째는 자원하는 마음이다. 다윗은 "내가 정직한 마음으로 이 모든 것을 즐거이 드렸고, 이제 또 여기 있는 주의 백성이 주께 자원하여 드리는 것을 보니 내가 심히 기쁘다"라고 말했다(대상 29:17). 이처럼 다윗은 정직한 마음으로 재물을 드렸고, 그 백성들은 자원하는 마음으로 재물을 드렸다. 이것은 재물을 드리는 기본자세이다.

예를 들어, 십일조나 건축헌금을 드릴 때에 이런 자세가 되어 있지 못하면 시험에 빠질 수 있다. 왜냐하면 내게 주어진 것은 내 것이라는 생각 때문이다. 특히 십일조는 하나님의 것이다(말 3:8). 이것을 인정하지 못하면 청지기직을 제대로 수행

할 수 없다. 그런데 십일조를 드렸다고 해서 나머지 것을 내 것이라고 생각하면 안 된다. 내 것은 없다. 다 하나님이 주신 것이다. 이것을 인정할 때에만 정직한 마음과 자원하는 마음으로 재물을 드릴 수 있다.

초대 예루살렘 교회에서 일어난 일이다. 모든 제자가 물건을 서로 통용하고, 자기의 것을 팔아 가난한 자들에게 주고, 서로 나눌 때에 아나니아와 삽비라 부부도 이 일에 동참했다. 그런데 그들은 소유를 팔아 그 값에서 얼마를 감추고, 나머지를 사도들의 발 앞에 두었다(행 5:1-2). 그때에 사도 베드로가 아나니아의 마음에 사탄이 가득하여 성령을 속이는 것을 보고, "땅이 네 땅이 아닌데 어찌하여 네 마음에 두느냐. 네가 속인 것은 사람에게 한 것이 아니요, 하나님께 한 것이라"고 책망했다. 그러자 아나니아가 그 자리에서 죽고 말았다. 그리고 세 시간쯤 지났을 때 그의 아내 삽비라가 들어오자 또다시 베드로가 물었다. "땅 판 값이 이것뿐이냐?" 하니, 그가 "예, 그렇습니다"라고 대답했다. 그도 그 자리에서 죽고 말았다. 이것은 거짓말에 대한 심판인 동시에 하나님의 것이라는 소유권을 인정하지 않은 것에 대한 심판이었다.

디모데전서 6장 10절을 보면, "돈을 사랑함이 일만 악의 뿌리가 되나니"라고 말했다. 그 이유는 한 사람이 두 주인을 섬길 수 없기 때문이다(마 6:24). 성도는 돈과 하나님을 겸하여 섬길 수 없다. 만약 성도가 돈에 미혹을 받아 마음을 빼앗기면 믿음에서 떠나게 되고, 많은 근심으로 자기 마음을 찌르게 된다(딤전 6:10). 결국은 파멸과 멸망에 빠지고 만다.

독일의 한 기관에서 설문조사를 했는데, "행복의 조건이 무엇이냐?"라는 질문에 1위가 '좋은 날씨'였고, 2위가 '좋은 이웃이 있는 것'이라고 대답했다. 반면에 "불행의 조건이 무엇이냐?"는 질문에 1위가 '돈'이라고 대답했다. 아이러니하지 않은가? 돈은 많다고 행복한 것이 아니라 오히려 불행해질 수 있다.

지혜의 책인 잠언 30장을 보면, 아굴은 죽기 전에 두 가지 일을 하나님께 구했다. 첫째는 헛된 것과 거짓말을 자기에게서 멀리해 달라는 것이었고, 둘째는 자신을 가난하게도, 부하게도 하지 말고, 오직 필요한 양식만 달라고 간구했다. 그 이유는 "혹 내가 배불러서 '하나님을 모른다. 여호와가 누구냐?' 할까 하는 염려이고, 혹 내가 가난하여서 도둑질하고, 내 하나님의 이름을 욕되게 할까 두렵기 때문"이라고 말했다 (9절).

우리는 재물의 청지기가 되어야 한다. 재물의 주인이 하나님인 것을 인정하고, 정직한 마음과 자원하는 마음으로 드릴 수 있어야 한다.

## 청지기 정신으로 사는 자이다

"네가 이 세대에서 부한 자들을 명하여 마음을 높이지 말고 정함이 없는 재물에 소망을 두지 말고 오직 우리에게 모든 것을 후히 주사 누리게 하시는 하나님께 두며 선을 행하고 선한 사업을 많이 하고 나누어 주기를 좋아하며 너그러운 자가 되게 하라"(딤전 6:17-18).

사도 바울은 디모데에게 이 세대에서 부한 자들에게 명하라고 말했다. 그것은 청지기 정신이다.

청지기 정신이 무엇인가?

1) 교만하지 않는 것이다

사도 바울은 이 세대에서 부한 자들에게 명하여 "마음을 높이지 말라"고 말했다. "마음을 높인다"는 말은 자랑과 교만을 뜻한다. 바울은 부자들을 향해 재물로 인해 교만하지 말 것을 권면했다. 재물이 많으면 교만하기 쉽다. 높은 자리에 올라도 교만하기 쉽다. 그러나 청지기는 교만하지 않는다.

2) 하나님만 신뢰하는 것이다

사도 바울은 "정함이 없는 재물에 소망을 두지 말라"고 말했다. "정함이 없다"는 말은 '불확실하다'는 뜻이다. 재물은 있다가도 없고, 없다가도 있는 불확실한 것이다. 그래서 바울은 부자들에게 이러한 재물에 소망을 두지 말 것을 권면했다. 그러면서 "오직 모든 것을 후히 주시는 하나님께 소망을 두라"고 말했다. 하나님은 영육 간에 필요한 것을 후히 채워 주시고, 누리게 하는 분이시다. 바울은 이런 하나님을 신뢰하라고 권면했다.

## 3) 선한 일에 재물을 사용하는 것이다

사도 바울은 "선을 행하고, 나누어 주기를 좋아하며, 너그러운 자가 되라"고 말했다. 이것은 타인에 대한 태도이다. 바울은 부자들을 향해 그들이 소유한 재물이 하나님으로부터 왔음을 깨닫고, 선하게 사용할 것을 권면했다.

세계적인 부자이고, 기부에 좋은 이미지를 가진 기업인을 꼽는다면 하나같이 주식의 대부 워런 버핏과 IT 계열의 대부 빌 게이츠를 말할 것이다. 우리는 이들을 존경하고 이들처럼 되고 싶어 한다. 그런데 이러한 두 사람이 존경하는 한 사람이 있다. 그는 세계 최대 면세점 'Duty Free Shop'을 설립한 억만장자 재벌인 미국의 찰스 F. 피니Charles F. Feeney이다. 그는 30여 년 동안 80억 달러(약 9조 5천억 원)를 익명으로 기부했다. 그는 매일 100만 달러(약 11억 원)를 기부했고, 2017년 1월에 그는 700만 달러를 모교 코넬 대학교에 기부함으로 마지막 자산의 99%를 사회에 환원했다.

또한 〈뉴욕타임스〉 보도에 의하면, 그는 현재 은퇴하여 작년(2020년)까지 자신의 모든 재산을 사회에 환원할 것을 약속했다고 한다. 그러면 그가 이렇게 많은 돈을 기부하는 이유는 무엇일까? 그는 말했다. "내게 필요한 것보다 많은 돈이 생겼기 때문이고, 돈을 정말 좋아하지만 돈이 내 삶을 움직이지 못하기 때문입니다."

우리는 시간의 청지기, 재물의 청지기가 되어야 한다. 청지기 정신으로 살아가는 지혜로운 청지기가 되어야 한다.

삶11

# 세상과의 영적 전투

　　그리스 신화를 보면, 헤라클레스가 숲속의 길을 가다가 어떤 괴물에게 습격을 받았다. 그러나 괴물은 생각보다 약해서 거뜬히 물리쳤다. 잠시 뒤에 그 괴물이 또 나타났다. 이번에도 괴물을 물리쳤지만 이전보다는 훨씬 더 힘이 들었다. 그리고 숲을 빠져나가려 할 때에 그 괴물이 다시 나타나 헤라클레스를 공격했다. 이번에는 너무 힘이 세져서 겨우 물리쳤다.

　　숲을 빠져나온 뒤 헤라클레스가 아테네에 도착하여 전쟁의 여신 아테나에게 물었다. "숲속을 지나오면서 이상한 괴물을 만났는데, 처음엔 별것 아니었지만 싸울수록 더 강해졌습니다. 혹시 그 괴물에 대해서 알고 계십니까?" 그러자 아테나가 대답했다. "그 괴물의 이름은 '다툼'이네. 싸우려고 맞서면 더욱 강해질 뿐이니, 못 본 척 놔두면 점점 작아져 어느새 보이지도 않게 된다네."

　　우리는 종종 다투며 산다. 가족 간에도, 친구 간에도, 때로는 성도들 간에도 다툰다. 다툼 없이 살아가는 사람은 별로 없다. 다툼의 원인도 참 다양하다. 어떤 사람은 말 한마디 때문에, 어떤 사람은 행동 하나 때문에, 또 어떤 사람은 가만히 있다고 다툰다.

신앙의 삶도 마찬가지이다. 우리는 매일 영적 전투를 벌인다.

## 영적 전투는 피할 수 없는가?

"세상이 너희를 미워하면 너희보다 먼저 나를 미워한 줄을 알라"
(요 15:18).

여기서 "세상"은 적어도 세 가지 뜻이 있다. 첫째는 피조물로서 우주 만물을 뜻하고, 둘째는 이 땅에 살고 있는 인간들을 뜻하고, 셋째는 불신자들을 지배하고 있는 악한 영들과 그들의 지배하에 있는 문화를 뜻한다. 이 말씀에서 세상은 세 번째 뜻이다. 그리고 "너희"라는 말은 직접적으로는 예수님의 제자를 가리키지만 간접적으로는 오늘날의 모든 성도를 뜻한다.

그러면 세상이 성도들을 미워하는 이유는 무엇인가? 예수님을 믿음으로 말미암아 사망에서 생명으로, 사탄의 종에서 예수님의 제자로 바뀌었기 때문이다. 더 이상 세상에 속해 있지 않고, 하나님께 속해 있기 때문이다. 그래서 세상은 성도들을 미워한다. 대적하여 싸움을 걸고, 넘어뜨리고 파괴하려고 한다.

그러기에 성도의 영적 전투는 당연한 것이다. 만약 영적 전투가 없다면 그는 이미 세상에 속한 사람일 수 있다.

어릴 적, 시골 마당에 삼태기나 바지게를 막대기로 세워 놓고, 거기에 끈을 매서 안방까지 끌고 가서 문구멍으로 지켜본다. 그 밑에 쌀이나 보리 같은 모이를 놓고, 참새를 유혹한다. 처음에는 참새가 한두 마리 날아온다. 아무 이상이 없음을 확인하면 '이 흉년에 웬 쌀이냐' 하고 더 많은 참새가 모이기 시작한다. 참새가 정신없이 모이를 먹고 있을 때 방 안에서 끈을 잡아당긴다. 그렇게 참새를 잡았다.

세상도 우리를 이렇게 유혹한다. 우리는 세상의 유혹을 물리쳐야 하고, 죄와 거룩함 사이에서 나 자신과도 싸워야 한다. 악한 영들과의 영적 전투는 피할 수 없기 때문이다.

## 악한 영들의 전략은 무엇인가?

### 1) 사자같이 공격한다

> "근신하라 깨어라 너희 대적 마귀가 우는 사자같이 두루 다니며 삼킬 자를 찾나니"(벧전 5:8).

사자는 동물의 왕이라고 불릴 만큼 무시운 외모와 막강한 힘, 빠른 순발력을 가지고 있다. 이런 사자가 큰 소리로 으르렁거리며 울부짖는 모습을 보면 정말 무섭다. 더욱이 호시탐탐 기회를 엿보다 먹이를 찾아 포효하는 모습은 공포스럽기까지 하다.

악한 영들은 사자같이 공격한다. 무엇을 공격하는가?
① 우리의 신앙을 공격한다.
② 우리를 죄책감과 두려움, 실패와 좌절에 빠지도록 만든다.
③ 우리의 몸을 공격해서 아프게 하고, 괴롭게 한다.
④ 우리의 재물을 빼앗아간다.
⑤ 우리의 가정을 불행하게 만든다.

2) 천사같이 미혹한다

> "이것은 이상한 일이 아니니라 사탄도 자기를 광명의 천사로 가장하나니"(고후 11:14).

악한 영들은 자기를 광명한 천사로 가장한다. 본래의 악한 모습은 감추고, 천사의 모습으로 가장하여 우리를 미혹한다. 고난과 박해를 가할 때는 사자같이 두루 다니며 삼킬 자를 찾다가도 미혹할 때는 천사같이 나타난다.
어떻게 미혹하는가?
① 일상적인 일이 많아지도록 한다.
② 신앙생활에 소홀하도록 만든다.

③ 교회의 일을 비판하도록 만든다.
④ 신비적인 체험을 쫓도록 만든다. 그러면 말씀에서 멀어진다.
⑤ 쾌락을 좇도록 만든다. 그러면 결국 타락하게 된다.

이것이 악한 영들의 전략이다. 사자같이 공격하기도 하고, 천사같이 미혹하기도 한다. 그런데 우리는 어디에 약한가? 성도들의 대부분은 천사같이 미혹하는 데 약하다. 그래서 우리는 깨어 기도하며, 악한 영들과 매일 영적 전투를 해야 한다. 이것은 우리의 혈과 육에 대한 것이 아니라 세상의 악한 통치자들과 어둠의 주관자들과 하늘에 있는 악한 영들과의 싸움이기 때문이다(엡 6:12). 이런 자들과 싸워서 반드시 이겨야 한다. 그러므로 영적 무장을 해야 한다.

## 영적 무장(靈的武裝)이 무엇인가?

> "끝으로 너희가 주 안에서와 그 힘의 능력으로 강건하여지고 마귀의 간계를 능히 대적하기 위하여 하나님의 전신갑주를 입으라"(엡 6:10-11).

영적 무장은 하나님의 전신갑주를 입는 것이다. 그 이유로 첫째는 능력으로 강건해지기 때문이다. 이것은 방어하는 능력이다. 둘째는 마귀의 간계를 능히 대적하기 위해서이다. 이것은 공격하는 능력이다.

예수님의 제자 베드로는 시험에 들지 않게 깨어 기도하지 못했다(마 26:41). 그것은 방어하는 능력이 없었기 때문이다. 이로 인해 예수님을 세 번씩이나 부인하고 말았다. 초대교회 당시 후메내오와 알렉산더도 방어하는 능력이 없어 믿음과 착한 양심을 버리고 말았다(딤전 1:19-20). 데마도 방어하는 능력이 없어서 세상을 사랑하여 바울을 떠나 데살로니가로 가버리고 말았다(딤후 4:10). 우리에게 공격하는 능력과 방어하는 능력이 없으면 패하고 만다. 우리는 영적 무장을 해야 한다.

### 1) 호신용 장비이다

> "그런즉 서서 진리로 너희 허리 띠를 띠고 의의 호심경을 붙이고 평안의 복음이 준비한 것으로 신을 신고"(엡 6:14-15).

호신용 장비는 허리에 진리의 띠를 하고, 가슴에 의의 호심경을 붙이고, 발에 평안의 복음이 준비한 신을 신으며, 머리에 구원의 투구를 쓰는 것이다(17절). 여기에서 말하는 진리와 의와 평안과 구원은 그리스도인들이 기본적으로 갖추어야 할 것들이다.

허리에 띠처럼 진리가 내 삶에 중심이 되면 그는 진리로 말미암아 자유하게 된다. 가슴에 호심경처럼 의를 내 마음에 품으면 그는 언제나 정의롭게 살아갈 수 있다. 정의는 외치는 것이 아니라 마음에 품는 것이다. 또한 발에 신처럼 평안의 복음을 신으면 그의 인생길은 평안하고 형통하게 된다. 머리에 투구처럼 구원을 머리에 쓰면 그는 날마다 구원의 삶을 살게 된다. 호신용 장비는 악한 영들의 공격으로부터 나를 보호하는 것이다.

### 2) 방어용 무기이다

> "모든 것 위에 믿음의 방패를 가지고 이로써 능히 악한 자의 모든 불화살을 소멸하고"(엡 6:16).

방어용 무기는 믿음의 방패이다.

믿음은 신앙고백뿐만 아니라 하나님에 대한 신뢰와 돌봄에 대한 확신을 갖는 것이다. 이런 믿음은 어떤 불화살의 공격도 능히 방어할 수 있다.

동물들이 묘기를 펼칠 때에 가장 난이도 높은 것은 불타는 고리를 통과하는 것이다. 왜냐하면 동물들은 대부분 불에 대한 본능적 두려움이 있기 때문이다. 그래서 맨 마지막에 이 묘기를 펼친다. 그런데 동물 중에서도 털이 긴 사자는 두려움이 더욱 심하다고 한다. 그래서 사자가 불타는 고리를 통과하게 만들기 위해서는 많은 훈련이 필요한데, 실수로 사자가 불에 다치기라도 하면 사자뿐만 아니라 조련사의 목숨도 위험해진다고 한다.

그러면 어떻게 통과하게 만드는가? 대부분의 사람은 '보상'이라고 말한다. 불타는 고리를 통과할 때마다 먹이를 주기 때문에 위험을 무릅쓴다는 것이다. 그러나 실제로 조련사들의 이야기를 들어보면 그렇지 않다. 먹이도 주지만 그것보다는 고리를 향해 뛰어들어도 다치지 않게 한다는 조련사에 대한 '믿음' 때문이라고 한다. 그래서 사자는 조련사의 신호에 따라 두려움 없이 불타는 고리 안으로 뛰어든다는 것이다. 이처럼 믿음은 어떠한 상황도 통과하게 만든다.

### 3) 공격용 무기이다

"성령의 검 곧 하나님의 말씀을 가지라"(엡 6:17).

공격용 무기는 성령의 검 곧 하나님의 말씀이다.

말씀은 우리의 검이 아니라 성령의 검이다. 왜냐하면 우리가 필요할 때 사용하는 것이 아니라 성령이 사용하시는 도구이기 때문이다. 그래서 우리는 성령이 말씀을 검으로 사용하시도록 평소에 늘 말씀을 묵상하고 암송해야 한다.

사역훈련을 받은 분 중에는 보석보다 빛나는 말씀, 로마서 8장을 암송하시는 분들이 많다. 이것은 엄청난 힘이고, 능력이다. 왜냐하면 성령이 이 말씀을 검으로 사용하시기 때문이다.

### 4) 경비용 무기이다

"모든 기도와 간구를 하되 항상 성령 안에서 기도하고 이를 위하여 깨어 구하기를 항상 힘쓰며 여러 성도를 위하여 구하라"(엡 6:18).

경비용 무기는 기도이다.

경비는 적의 기습공격을 대비해 경계태세를 갖추는 것이다. 그래서 "항상"이라는 말을 반복하고 있다. 성도는 항상 기도해야 한다. 쉬지 말고 기도해야 한다(살전 5:17). 범사에 기도해야 한다. 그렇지 않으면 영적 긴장상태가 풀려 악한 영들의 공격에 무너질 수 있다.

우리는 영적 무장을 해야 한다. 어느 한 곳도 빈틈이 없는지 살펴야 한다. 어떤 부분이 가장 약한지, 그 부분을 어떻게 메울 것인지를 매일 점검해야 한다.

## 어떤 마음으로 싸워야 하는가?

"우리 주 예수 그리스도로 말미암아 우리에게 승리를 주시는 하나님께 감사하노니"(고전 15:57).

영적 전투에 임할 때 우리는 이길 수 있다는 '확신'을 가져야 한다. 왜냐하면 하나님이 반드시 승리하게 해주실 것이기 때문이다. 마치 예수님이 승리하신 것처럼, 우리는 승리하게 될 것이다. 그렇다고 절대로 안 넘어진다는 말은 아니다. 때로는 넘어지고, 좌절하기도 한다. 그러나 다시 일어나게 될 것이다. 하나님이 예수 그리스도로 말미암아 우리를 다시 일어나게 해주시고, 반드시 승리하게 해주실 것이기 때문이다. 우리는 승리에 대한 확신을 가지고, 영적 전투에 임하면 된다.

요한일서 5장 4절을 보면, "무릇 하나님께로부터 난 자마다 세상을 이기느니라 세상을 이기는 승리는 이것이니 우리의 믿음이니라"고 말했다. 우리는 세상이 아니라 하나님께 속한 존재이다. 하나님의 사랑과 하나님의 보호를 받는 존재이다. 이런 우리를 누가 이길 수 있겠는가? 악한 영들이 아무리 강할지라도 우리를 절대 이기지 못한다. 승리는 우리의 것이다. 우리는 승리의 확신을 가지고 매일 영적 전투에서 승리해야 한다.

삶12

# 사랑하라

기독교는 사랑의 종교라고 말한다. 그 근거는 성경 전체가 하나님의 사랑에 대해서 말씀하고 있기 때문이다. '성경 중의 성경'이라고 말하는 요한복음 3장 16절에도 "하나님이 세상을 이처럼 사랑하사 독생자를 주셨으니 이는 그를 믿는 자마다 멸망하지 않고 영생을 얻게 하려 하심이라"고 말했다.

기독교는 사랑을 빼면 남는 것이 아무것도 없다. 그럼에도 불구하고 그리스도인이 가장 많이 실패하는 것이 바로 사랑이다. 무엇보다 내 가족도 사랑하지 못하고, 내 형제와 친척도 사랑하지 못한다. 또한 가까이 지내는 친구도, 자주 만나는 지인들도 사랑하지 못할 때가 많다. 심지어 한 믿음의 공동체 속에서 살아가는 성도들 간에도 사랑하지 못하는 경우가 많다. 사랑에 자주 실패하는 것이 우리의 모습이다.

## 사랑에 왜 실패하는가?

요한계시록 2장을 보면, 사랑에 실패한 에베소 교회에 대한 예수님의 말씀이 기록되어 있다. 소아시아 일곱 교회 중에는 칭찬만 받은 교회와 책망만 받은 교회가 있고, 칭찬과 책망을 모두 받은 교회가 있다. 그중에서 에베소 교회는 칭찬과 책망을 모두 받았다.

1) 칭찬받은 이유가 무엇인가?

진리를 수호하고, 경건생활에 힘썼기 때문이다. 또한 악한 자들을 용납하지 않고, 거짓 사도들을 밝혀내고, 예수님의 이름을 위해 견디며 게으르지 않았으며(2-3절), 이단 니골라당의 행위를 미워했기 때문이다(6절). 이 정도면 에베소 교회는 충분히 칭찬받을 만했다. 그런데 이러한 에베소 교회가 책망도 받았다.

2) 책망받은 이유가 무엇인가?

그것은 처음 사랑을 버렸기 때문이다(4절). "처음"은 순수하고, 진실하고, 열정적이라는 뜻이다. 젊은 남녀가 처음 사랑에 빠졌을 때를 보면 쉽게 이해할 수 있다. 순수하고, 진실하고, 열정적이다. 하지만 요즘은 많이 달라지고 있다. 처음 사랑을 쉽게 버리고, 결혼 후에도 3년을 지속하지 못한다. 에베소 교회도 처음 사랑에 실패했다. 예수님은 이것을 심각한 증세라고 경고하셨다.

3) 처음 사랑에 왜 실패했는가?

첫째는 관용하지 못했기 때문이다. 사랑하면 관용한다. 관용은 남의 잘못을 너그럽게 받아들이고 용서하는 것이다. 그런데 에베소 교회는 관용하지 못했다. "너 때문이다", "네가 이렇게 만들었다" 하면서 책임을 전가하고, 용서하지 못했다.

둘째는 진리를 강조했기 때문이다. 이것은 모순적$^{irony}$이지만 옳은 것과 틀린 것을 따지다 보면 관용보다는 미움이 싹트기 쉽다. 그렇다고 진리를 무시해도 된다는 말은 절대 아니다. 예수님은 분명히 에베소 교회가 진리를 수호한 행위에 대해서 칭찬하셨다. 그렇지만 진리를 수호하는 행위로써 사랑을 대신할 수는 없다. 사랑은 관용과 가깝고, 진리는 불관용과 가깝다. 그래서 진리만 강조하면 관용하지 못하게 되고, 사랑은 식을 수밖에 없다.

지금 우리는 어떠한가?

고린도전서 13장 2절을 보면, "사랑이 없으면 내가 아무것도 아니요"라고 말했다. 사랑이 가장 중요하다는 말이다. 고린도전서 13장 13절에도 "믿음, 소망, 사랑, 이 세 가지는 항상 있을 것인데 그중의 제일은 사랑이라"고 말했다. 신앙생활에서 가장 중요한 가치가 사랑이라는 말이다.

그래서 예수님은 "너희가 만일 처음 사랑을 회복하지 아니하면 네 촛대를 그 자리에서 옮기리라"고 말씀하셨다(5절). "촛대를 옮긴다"는 말은 '교회를 아예 없애 버린다'는 뜻이다. '교회가 있을 가치가 없다'는 의미이다. 이것은 무서운 경고이다. 그러므로 교회는 사랑의 공동체가 되어야 한다. 성도는 사랑해야 한다.

## 어떻게 사랑해야 하는가?

예수님은 제자들에게 하나님을 사랑하고 이웃을 사랑하라고 말씀하셨다. 왜냐하면 이것은 온 율법과 선지자의 강령이기 때문이다(마 22:40). 율법과 선지자는 구약성경 전체를 함축하는 말이다. 구약성경의 근본정신은 하나님에 대한 사랑과 이웃 사랑이다. 이 사랑은 단순한 애정이나 우정의 필레오(φιλέω)의 사랑과는 엄격히 다르다. 이것은 순수하고, 무목적이고, 무조건적인 아가파오(ἀγαπάω)의 사랑이다. 우리에게는 이 사랑이 없다. 이것을 위해서는 하나님에 대한 근원적인 사랑이 필요하다.

하나님에 대한 근원적인 사랑은 무엇인가?

### 1) 마음과 목숨과 뜻을 다하여 사랑하는 것이다

"예수께서 이르시되 네 마음을 다하고 목숨을 다하고 뜻을 다하여 주 너의 하나님을 사랑하라 하셨으니 이것이 크고 첫째 되는 계명이요"(마 22:37-38).

"마음과 목숨과 뜻을 다한다"는 말은 우리의 모든 것을 가지고 하나님을 사랑한다는 뜻이다. 자신의 모든 것을 던져 헌신한다는 의미이다. 이것을 전 인격적인 사랑이라고도 말한다. 모든 것을 드리고, 모든 것을 신뢰하고, 모든 것을 의지하는 사랑이다. 모든 것보다 우선적인 사랑이다.

그러면 이와 같이 하나님을 사랑하는가?

만약 그렇지 못한다면 하나님의 사랑을 모르기 때문이다. 하나님의 사랑이 얼마나 엄청난 것인가를 안다면 하나님을 전 인격적으로 사랑한다. 하나님은 우리를 어떻게 사랑하셨는가? 자기 독생자까지 내어주셨다. 이것 하나만 보더라도 우리는 하나님의 사랑을 충분히 알 수 있다. 그런데 아직도 하나님의 사랑을 모른다면 우리는 기도해야 한다. 또한 성경을 읽고 말씀을 공부해야 한다. 그리고 십자가와 복음을 늘 묵상해야 한다. 왜냐하면 그 속에 하나님의 사랑이 담겨 있기 때문이다.

### 2) 나 자신과 같이 사랑하는 것이다

"둘째도 그와 같으니 네 이웃을 네 자신같이 사랑하라 하셨으니"(마 22:39).

"네 자신같이 사랑하라"는 말은 '네 자신을 사랑하는 것처럼 이웃을 사랑하라'는 뜻이다. 사람은 자신을 무의식적이고 본능적으로 돌본다. 또한 무조건적이어서 그것에 대한 어떤 대가도 바라지 않는다. 그리고 자신의 잘못에 대해서는 쉽게 용납하며 잊어버리고, 자신의 허물에 대해서도 이유여하를 막론하고 관대하다. 이처럼 자신에 대해서는 지나칠 정도로 사랑한다. 그러나 이웃에 대해서는 무관심하고, 냉정하고, 계산적이다. 그래서 예수님은 네 자신을 사랑하는 것만큼 네 이웃을 사랑하라고 말씀하셨다. 마치 이웃이 나 자신인 것처럼 사랑하라는 뜻이다.

그러면 우리의 이웃은 누구인가? 옆집에 사는 사람뿐만 아니라, 나 아닌 모든 사람을 말한다. 가족과 친척, 지인들과 처음 만나는 사람들까지도 모두 포함한다. 예수님은 이들을 네 자신과 같이 사랑하라고 하셨다.

하나님에 대한 사랑과 이웃 사랑은 동전의 양면과 같다. 하나님을 사랑하면 당연히 이웃을 사랑하게 되어 있다. 하나님에 대한 사랑이 근원적이기 때문이다. 반대로 이웃을 사랑하지 않으면 하나님을 사랑하지 않는 것이다. 왜냐하면 서로 연결되어 있기 때문이다.

최근 코로나19 팬데믹$^{Pandemic}$ 현상 이후에 'Take five'가 캠페인 이름으로 활용되고 있다. 'Take five'는 원래 'Take five minutes'의 줄임말로 '5분만 쉬자', 혹은 '잠깐 쉬자'라는 의미로 'Let's take a break'와 같은 뜻이다. 이 때문에 'Take five'는 피로해소제나 음료와 운동복 등의 이름으로도 종종 사용되고 있다. 미국 웨스트버지니아 주에서는 2019년 5월 8일 'Take 5 to Give 5' 캠페인을 펼쳤다. 하던 일을 5분만 멈추고, 코로나19로 어려움에 처한 사람들을 돕기 위해 5달러, 혹은 50달러, 또는 500달러나 5,000달러를 기부하자는 캠페인이었다. 그리고 뉴욕 주에서는 또 다른 'Take Five' 캠페인이 펼쳐졌는데, 코로나19로 격리 중인 노인 가족이나 이웃에게 5분만 시간을 내어 안부 전화를 하자는 캠페인이었다. 이러한 캠페인은 이웃 사랑을 실천하는 좋은 방법이다.

요한일서 4장 20절을 보면, "누구든지 하나님을 사랑하노라 하고 그 형제를 미워하면 이는 거짓말하는 자니"라고 말했다. 보이는 형제를 사랑하지 못하는데, 보이지 않는 하나님을 사랑한다고 말하는 것은 믿을 수 없다고 했다. 우리가 하나님을 사랑한다면 보이는 형제를 사랑함이 마땅하다.

### 사랑이란 무엇인가?

고린도전서 13장은 '사랑장'이라고 부른다.
여기에 보면, 사랑에는 세 가지의 탁월성이 있고, 열다섯 가지의 본질이 있다.

1) 세 가지의 탁월성이 있다

첫째는 방언의 은사보다 탁월하다.

고린도전서 13장 1절을 보면, "내가 사람의 방언과 천사의 말을 할지라도 사랑이 없으면 소리 나는 구리와 울리는 꽹과리가 되고"라고 말했다. 바울이 고린도전서를 쓸 당시에 방언은 고린도 교회 성도들이 가장 자랑했던 은사였다. 그러나 사랑 없이 사용되는 방언은 아무 쓸모없는 소리에 불과하다. 그것은 자기 영적 수준을 드러내는 자랑거리에 불과하기 때문이다.

둘째는 예언의 은사보다 탁월하다.

고린도전서 13장 2절을 보면, "내가 예언하는 능력이 있어 모든 비밀과 모든 지식을 알고 또 산을 옮길 만한 모든 믿음이 있을지라도 사랑이 없으면 내가 아무것도 아니요"라고 말했다. 예언은 진리의 말씀을 깨닫고, 가르치며, 전하는 은사를 말한다. 그러나 아무리 잘 가르친다고 하더라도 사랑에 실패하면 남는 것이 하나도 없다. 그것은 자기의 속은 더러우면서 겉으로만 진리에 서 있는 척하는 위선에 불과하기 때문이다.

셋째는 구제의 은사보다 탁월하다.

고린도전서 13장 3절을 보면, "내가 내게 있는 모든 것으로 구제하고 또 내 몸을 불사르게 내줄지라도 사랑이 없으면 내게 아무 유익이 없느니라"고 말했다. 구제는 약하고 가난한 사람들을 돕는 선행이다. 그러나 아무리 많은 것으로 구제를 한들 사랑이 없으면 그것은 아무것도 아니다. 그것은 단지 자신의 우월함을 드러내는 값싼 동정에 불과하기 때문이다.

### 2) 열다섯 가지의 본질이 있다

> "사랑은 오래 참고 사랑은 온유하며 시기하지 아니하며 사랑은 자랑하지 아니하며 교만하지 아니하며 무례히 행하지 아니하며 자기의 유익을 구하지 아니하며 성내지 아니하며 악한 것을 생각하지 아니하며 불의를 기뻐하지 아니하며 진리와 함께 기뻐하고 모든 것을 참으며 모든 것을 믿으며 모든 것을 바라며 모든 것을 견디느니라"(고전 13:4-7).

사랑의 열다섯 가지 본질 중에 가장 첫 번째는 "오래 참고"이고, 가장 마지막은 "모든 것을 견디느니라"이다. 원어에는 정확히 구분되어 있지 않지만 보통 오래 참는다는 말은 사람을 대상으로 하는 말이고, 모든 것을 견딘다는 말은 상황을 대상으로 하는 말이다.

사랑은 사람에 대해서 오래 참고, 상황에 대해서 인내하는 것이다. 어떤 감정이나 마음의 상태에 매이지 않고, 행동으로 옮기는 것이다. 마음에도 없는 사랑을 어떻게 실천하느냐고 항변할 수도 있지만 그 말은 설득력이 약하다.

로마서 12장 20절을 보면, "네 원수가 주리거든 먹이고 목마르거든 마시게 하라 그리함으로 네가 숯불을 그 머리에 쌓아 놓으리라"고 기록되어 있다. "먹이고 마시게 하라"는 말은 감정이 아니라 행동을 말한다. 하나님은 원수에 대해 분노하는 감정을 버리라고 하지 않으셨다. 원수를 사랑하는 감정이 생길 때까지 기다렸다가 먹이고 마시게 하라고 하지도 않으셨다. 원수가 도움이 필요할 때 바로 채워 주라고 하셨다. 이것은 위선이나 자신을 속이는 일이 아니라, 하나님의 말씀에 순종하여 사랑을 베풀면 마음도 사랑으로 뜨거워질 수 있다는 뜻이다. 바로 이것이 사랑이다. 그러면 "숯불을 그 머리에 쌓아 놓으리라"고 말했다. 이것은 원수에게 호의를 베풂으로 그를 부끄럽게 한다는 뜻이다.

우리는 어떻게 사랑해야 하겠는가?

지난해 7월 4일 미국에서는 코로나19에 걸린 노부부가 병원으로 떠나기 전 찍은 사진 한 장이 화제가 되었다. 현지 보도에 따르면 이 사진의 주인공은 88세의 조셉 델리스와 83세의 욜란다 델리스이다. 조셉과 욜란다는 40년 전에 만나 데이트를 시작했고, 10년의 연애 끝에 결혼하여 행복하게 살았다. 시간이 지나면서 욜란다는 관절이 나빠져 계단을 오르지 못할 정도로 몸이 약해졌고, 알츠하이머 병 진단까지 받으며 자신의 이름조차 기억하지 못하게 되었지만 그들은 여전히 함께하며 서로를 아꼈다. 그러던 중에 두 사람 모두 코로나19에 걸리는 비극이 찾아왔다. 부부는 병원에 가기 전, 서로의 마지막을 직감하며 작별의 키스를 나누고, 사진을 찍었다. 그리고 며칠 후 함께 세상을 떠났다고 한다. 참 아름다운 사랑이지 않은가!

이노우에 가즈코가 쓴 《50부터는 물건은 뺄셈 마음은 덧셈》이라는 책이 있다. 50세부터는 반드시 버려야 할 것과 살려야 할 것이 있다고 주장하는 책이다. 저자가 이렇게 주장하는 이유는 분명하다. 뺄 것과 더할 것, 이것만 구분하면 50세 이후의 삶이 풍요로워지기 때문이다.

먼저 뺄셈하는 삶이다. 현대인은 몽골인들보다 1,000배나 많은 물건을 소유하고 산다. 50세부터는 의도적으로 이런 물건들에서 벗어나야 한다. 예를 들어, 옷을 한 벌 사면 두 벌은 처분하는 식이다. 쓸데없는 공간도 줄이고, 집안일도 최소한의 것만 한다. 과시와 허세 역시 내려놓자는 것이다. 라이프스타일 전문가인 저자는 이렇게 눈에 보이는 것에 대한 집착과 미련을 버리면 삶이 한결 홀가분해질 것이라고 말한다.

그리고 마음은 덧셈해가는 삶을 살아야 한다. 사람들은 통장 잔고가 부족하면 초조해하면서 마음의 통장 잔고에 대해서는 잘 생각하지 않는다. 긍정적인 감정은 늘리고, 부정적인 감정은 그때그때 덜어내야 마음의 통장을 풍성한 상태로 유지할 수 있다고 조언한다.

지금 우리에게 뺄셈과 덧셈은 무엇인가? 미움은 뺄셈, 사랑은 덧셈이다.

## 신앙 Build up

1판 1쇄 인쇄 _ 2021년 3월 16일
1판 1쇄 발행 _ 2021년 3월 26일

지은이 _ 이선우
펴낸이 _ 이형규
펴낸곳 _ 쿰란출판사

주소 _ 서울특별시 종로구 이화장길 6
편집부 _ 745-1007, 745-1301~2, 747-1212, 743-1300
영업부 _ 747-1004, FAX 745-8490
본사평생전화번호 _ 0502-756-1004
홈페이지 _ http://www.qumran.co.kr
E-mail _ qrbooks@daum.net / qrbooks@gmail.com
한글인터넷주소 _ 쿰란, 쿰란출판사
등록 _ 제1-670호(1988.2.27)
책임교열 _ 최진희·박은아

ⓒ 이선우 2021  ISBN 979-11-6143-489-6  93230

책값은 뒤표지에 있습니다.
이 출판물은 저작권법에 의해 보호를 받는 저작물이므로 무단 복제할 수 없습니다.
파본(破本)은 구입처에서 교환해 드립니다.